希腊罗马
神话集

【美】伊迪丝·汉密尔顿 著

林久渊 译

永恒的诸神、英雄、爱情与冒险故事

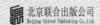

北京联合出版公司
Beijing United Publishing Co.,Ltd.

目录

CONTENTS

PART
1

宇宙起源与诸神传说

1
诸神总集

CONTENTS
希腊
罗马神话集

2
凡间二大神祇

CONTENTS
目录

创世与早期英雄故事

1
创世

2
早期的英雄故事

PART
3

神话中的爱情与冒险奇遇

1
浪漫爱情

2
冒险与奇遇

PART
4

希腊
罗马神话集

PART

5

神话中的战争与冒险

1

特洛伊战争

2

奥德修斯历险记

3

埃涅阿斯历险记

CONTENTS
目录

PART
6

神话中的家族王室

1
阿特柔斯家族

2
底比斯王室

3
雅典王室

附录

PART

1

A N C I E N T

宇宙起源
与诸神传说

诸神总集

希腊人不认为是神祇创造宇宙，相反的，他们认为是宇宙创造了神祇，天地形成于神祇之前，乌拉诺斯为第一代神王，后代为泰坦巨神，子孙则为众神。

1
泰坦巨神族与
十二位奥林匹斯主神

泰坦巨神族通常被称为"古神"，称雄宇宙不知多少岁月，他们体形巨硕、力量惊人、为数众多，仅少数现身于神话故事。首要者为克洛诺斯（罗马名萨图恩），统治其他泰坦巨神，后来其子宙斯（罗马名朱庇特）推翻了他。罗马人说朱庇特登位后，他的父亲萨图恩逃至意大利，为该地带来黄金时代，其统治期间和平快乐。

其他知名的泰坦巨神族，包括围绕地面的河流之神俄刻阿诺斯与妻子忒梯斯、许珀里翁（日月和黎明之父）、谟涅摩绪涅（记忆之神）、忒弥斯（正义之神）以及伊阿珀托斯。伊阿珀托斯因两个著名的儿子而知名：一子阿特拉斯一肩扛起世界，另一子普罗米修斯救助人类。宙斯即位后，唯独这些老一辈的神祇未被驱离人间，但地位大降。

泰坦巨神之后的神祇，便属十二位奥林匹斯神地位崇高，他们以住在奥林匹斯山而得名。奥林匹斯是什么，很难加以说明，许多人认为是一座山的山顶，即希腊东北部色萨利境内的最高峰——奥林匹斯山。而在荷马所写的史诗《伊利亚特》中，认为奥林匹斯是一处秘境，地位凌驾所有地面的高山。

无论奥林匹斯位在何方，其入口是一道彩门，由四季女神负责把守，门内即是众神居处。诸神在内起居住卧、食神馔，欣赏太阳神阿波罗弹奏竖琴，这里是个无限美妙的净土。

十二位奥林匹斯神的成员：

（一）天帝宙斯（朱庇特）为首。

（二）海神波塞冬（尼普顿）：宙斯的哥哥。

（三）冥王哈迪斯（普鲁托）：宙斯的哥哥。

（四）赫斯提亚（维斯塔）：宙斯的姐妹。

（五）天后赫拉（朱诺）：宙斯的姐姐，也是他的妻子。

（六）阿瑞斯（马尔斯）：宙斯与赫拉的儿子。

（七）雅典娜（密涅瓦）：宙斯的女儿。

（八）阿波罗：罗马名亦为阿波罗，宙斯的儿子。

（九）阿佛洛狄特（维纳斯）：宙斯的女儿。

（十）赫尔墨斯（墨丘利）：宙斯的儿子。

（十一）阿耳忒弥斯（狄安娜）：宙斯的女儿。

（十二）赫菲斯托斯（伏尔甘）：赫拉之子，另一说为宙斯与赫拉的儿子。

宙斯（朱庇特）

宙斯与兄弟们抽签分配统治宇宙。海洋归波塞冬，阴间由哈迪斯治理，宙斯则为至高无上的统治者，集众神之王、雨神、雷电神于一身，拥有使用雷霆的权力，其他神祇的力量加起来也不及宙斯。但宙斯并非全能或全知，有时也会遭受反对、欺骗。据说宙斯也无法反抗命运的神秘力量。

神话中叙述宙斯先后迷恋众多女子，不惜用尽伎俩欺瞒妻子。学者说，为何庄严的神会有这种行为，这是因为宙斯的形象为众多的神格拼贴而成。宙斯崇拜流传至每一处新城镇，就会与该城镇原本的主神融合，那位主神的妻小便会挪转至宙斯旗下。这样的组合成果令人不免遗憾，而后来的希腊人对于这些风流韵事也不感兴趣。

宙斯所穿戴的护胸甲中心嵌有蛇发女妖像，模样令人生畏。他的圣鸟是老鹰，圣木是橡树。位于橡树田园的多多纳圣殿，会借橡树叶沙沙声显示神谕，交由祭司为世人解释。

赫拉（朱诺）

赫拉是宙斯的妻子，也是他的姐姐，由泰坦巨神俄刻阿诺斯和忒梯斯夫妇抚养成人。她特别关爱已婚妇女，是婚姻保护神。但细读故事可以发现，她大多数时候为惩罚宙斯爱上的众多女子而忙碌不已，即使她们是受迫或受骗失身，也仍会受到她的惩罚。赫拉不管对方是多么不情愿或无辜，一概无法饶恕情敌及其子女。她更不会忘记别人对她的伤害，像是引发特洛伊之战的矛盾原可避免，但有一名特洛伊人觉得另一位女神比她美丽，她便怀恨在心。气不过美貌受辱的她，一直与特洛伊为敌，直到特洛伊灭亡才作罢。

赫拉在"寻找金羊毛"的故事里却显得和蔼可亲。她保护英雄，并激励其创造英勇事迹，是在其他故事里未曾展现的胸怀。每个家庭都膜拜她，她还是已婚妇女求援的对象。协助妇女分娩的女神厄勒梯亚（又名卢西娜）就是她的女儿。赫拉拥有圣兽母牛和圣鸟孔雀，她最喜欢阿耳戈斯城。

波塞冬（尼普顿）

海洋统治者，也是宙斯的手足，地位次于宙斯。对于住在爱琴海畔的希腊水手而言，海神极为重要。其妻是泰坦巨神俄刻阿诺斯的孙女安菲特里忒。波塞冬拥有一座辉煌的海底宫殿，但常出现于奥林匹斯。

手执埃癸斯盾的雅典娜

除了身为海神，他也是最早将马匹赐给人类的神祇。这两者使他受到人类的尊敬。

只要他一乘金色篷车越过水域，惊涛骇浪便立刻呈现静止状态，四平八稳的轮后是一片风平浪静。他通常被称为"撼动大地者"，手持三叉戟，能够随意击碎任何东西。

他跟马、牛有关联，但公牛也与许多其他神有关。

哈迪斯（普鲁托）

奥林匹斯神排行第三，他在分配如何统治世界时抽到冥府的签，负责统治亡者。他也是支配地下珍贵金属的财神，罗马人和希腊人都这样认为。他拥有一顶著名的头盔，戴上就可以隐身。哈迪斯鲜少离开冥府，也很少走访奥林匹斯或地上，人们也不喜欢他的到来，因此他是位不受欢迎的访客。他不具同情心，既冷酷又无情，但为人公正，是位让人害怕却不邪恶的神。

他的妻子为春神珀耳塞福涅（罗马名普罗瑟派恩），是他自地面上掳来的，强行加封她为冥后。

普鲁托是冥王，而并非死神。死神被希腊人称为塔纳托斯，而罗马人则称为俄耳枯斯。

雅典娜（密涅瓦）

雅典娜是宙斯自行生出的女儿，她没有母亲。当时她是身穿黄金盔甲从宙斯的头颅里蹦出来的。

早期故事把她描述为剽悍冷酷的战争女神，然而在其他故事里的她看似好战，本意却是为了保卫家园、阻抗外敌。她既是都市女神，也是文明生活、工艺、农业的保护者，发明缰绳和马勒，率先驯马供人使用。

身为宙斯的宠儿，她带着慑人的神盾和武器——雷霆。最常用来形容她的用语是"灰眼"，有时被译作"目光有神"。位居三位处女神之首，其神殿为帕特农神庙。后续诗篇中的她成为智慧、理性、纯洁的具体象征。

雅典是她的专属城市，她创造橄榄树为圣木，猫头鹰为圣鸟。

阿波罗

宙斯和勒托（罗马名拉托娜）之子，诞生于提洛岛，被誉为"最具希腊气息的神"。他不仅是司掌诗歌的俊美人物，也是经常弹奏金竖琴供奥林匹斯诸神聆听的首席乐师。持有银弓，是弓箭之神，也是最早传授人类医术的医神。除却这些美好的天赋之外，他还是光明之神，内心不存黑暗，未曾撒过谎，因此可谓真理之神。

德尔菲神殿位于帕那索斯山脚下，是阿波罗的神庙，在希腊神话里占有重要地位。该地圣泉为卡斯塔利亚泉，圣河是赛菲索斯河，人们视其为世界中心，朝圣者来自希腊和国外各地，其余神殿的地位无法与其相比。想要探求真相的人提出问题，女祭司回答前会呈现出神状态，一般人认为她坐的三脚椅下

狩猎女神阿耳忒弥斯

的岩石有个洞口，那里冒出的蒸汽使她恍惚失神。

由于阿波罗生于提洛岛，所以被喻为"提洛之神"。因为他曾经与住在帕那索斯山洞的巨蛇皮同激烈缠斗，最后靠着精准箭术略胜一筹，所以又被称为皮同神。还有人称他"莱希雅"，这名字的解释很多，意为"狼神""光明之神"或"莱希雅神"。有一说法称他为"鼠神"，究竟是保护老鼠还是杀老鼠得名便无从得知。他亦是太阳神，另一别名"福玻斯"意即"闪耀"或"明亮"。但准确地说，代表太阳本身的神应是泰坦巨神许珀里翁之子赫利俄斯。

德尔菲神殿的阿波罗属于慈善力量，直接连接人神之间的关系，专为人类通达神的旨意，指引人们如何与神和平共处，也是一道净化力量，能为人洗去弑亲血罪。有些故事称阿波罗冷酷无情。他与所有神祇相同，体内两极形象争战不休，一是原始浅薄，一是美丽诗意，残留一丝原始痕迹。

月桂树是他的圣木，宠物中居要者为海豚和乌鸦。

阿耳忒弥斯（狄安娜）

又名辛西亚，以出生地提洛岛的辛托斯山得名。她是阿波罗的孪生姐妹，宙斯和勒托之女，也是奥林匹斯的三位处女神之一。

美神维纳斯

她掌管野生动物，也是众神中著名的猎者，她也像守护神般细心保护幼小动物，是各地"朝露般生命的保护者"。她也有令人咋舌的矛盾之处，比如她不许希腊舰队起航去讨伐特洛伊，直到他们献祭一名少女才作罢。其他许多故事里也表现出她凶狠的一面，报复心强烈。若有妇女突然死去，大家便认为是她射出银箭致对方于死地。

阿波罗代表太阳，阿耳忒弥斯则代表月亮。月神又称福珀和塞勒涅，罗马名为卢娜。但这两个名字原不属于阿耳忒弥斯，福珀是老一辈泰坦巨神的名字，塞勒涅则是古月神，她是古太阳神赫利俄斯的妹妹。赫利俄斯与阿波罗无关，不过赫利俄斯和太阳神阿波罗本来就常被混淆。

后来的诗人将阿耳忒弥斯、塞勒涅与赫卡忒合为三体女神，空中是塞勒涅，地上是阿耳忒弥斯，幽冥和黑暗阳世是赫卡忒。赫卡忒原为黑夜的"月阴女神"，与黑暗的行为相关，也是"岔路女神"，大家公认岔路是邪术地点，因此她是使人敬畏的神祇。

阿耳忒弥斯身上可看出善恶之间的不确定性，而每位神祇亦是如此。她拥有丝柏圣木，各类野生动物皆属其宠兽，其中鹿尤为重要。

赫尔墨斯

斯普朗格尔《战场上的马尔斯》

阿佛洛狄特（维纳斯）

她集爱神与美神于一身，足令所有神祇和凡人为之倾心，爱笑的女神总是喜欢戏耍对方，智者也会因她的无穷魅力而心动。

《伊利亚特》中，她是宙斯和狄俄涅之女，但后世诗篇则说她从海浪里跃生，其名意为"升起的泡沫"，希腊文"阿佛洛"意为"泡沫"。她生于塞瑟岛近海，漂流至塞浦路斯岛，后来这两座岛屿都供奉她，因此她常被尊为塞瑟神或塞浦路斯神。

有一首荷马诗歌称她是美丽的金色女神，罗马人也以同样的口吻描述她。有她在，也就有了美，风云在她面前逃散，甜蜜花朵点缀大地，浪花也笑了。她走在光芒里，少了她，四处也失了欢笑和美，诗人最爱刻画如此的她。

大部分故事称她是丑陋、不良于行的火神赫菲斯托斯（伏尔甘）之妻。

桃金娘是她的圣树，鸽子是她的圣鸟，有时麻雀和天鹅也是。

赫尔墨斯（墨丘利）

他的父亲是宙斯，母亲是阿特拉斯的女儿迈亚。由于他有一座颇受欢迎的著名雕像，因此相较其他神，人们对他的外表更熟悉。动作敏捷而优美的赫尔墨斯穿戴着有翼的凉鞋与低冠帽，双蛇盘绕魔杖，是宙斯的使者，可以随心所欲地飞。

他是众神中最机灵狡猾的一位，还是个"神偷"，出生后不到一天就偷走了阿波罗的牲畜。宙斯命令他归还，他还另外献给阿波罗一把以龟壳制成的竖琴，借以换取阿波罗的原谅。或许与早期故事有关，他也是"商业和市场之神"，贸易商的保护者。与其形象产生奇异对比的是，他还是亡者的引路人，是引领亡魂下落冥府安息的向导，经常现身于神话故事。

阿瑞斯（马尔斯）

战神阿瑞斯是宙斯和赫拉之子。据荷马的说法，父母都不爱他，他残忍、嗜血，是诅咒的化身。令人奇怪的是，他也是名懦夫，一受伤便大叫疼痛地逃跑。在战场上，他常带领一队人马横冲直撞，其成员有：妹妹厄里斯（意为纷争、不和），厄里斯的儿子"冲突"、战争女神厄倪俄（罗马名贝罗娜），接着是"恐惧""战栗""惊恐"等。当他们一起现身时，所过之处顿时遍地呻吟、血流成河。

罗马人比希腊人更爱阿瑞斯，对他们而言，阿瑞斯是身穿亮甲、令人敬畏、攻无不克的雄伟人物。

阿瑞斯在神话中出现的戏份很少，有则故事说他是爱神阿佛洛狄特的情人，而她的夫婿赫菲斯托斯在众神面前抖出丑事，使得阿瑞斯颜面尽失。但他大多象征战争，不如赫尔墨斯、赫拉或阿波罗等神祇出色。

没有专属膜拜他的城市，希腊人含糊地说他来自希腊北部的色雷斯，那里是粗暴人民所居之地。适合他的圣鸟是兀鹰，狗则被错选为他的圣兽。

赫菲斯托斯（伏尔甘）

赫菲斯托斯是火神，有的故事说他是宙斯和赫拉的儿子，有的故事却只说他是赫拉之子，据说赫拉为了报复宙斯单独生出雅典娜，所以自己也生了赫菲斯托斯。外表完美的诸神中，唯独他生来丑陋，又是跛子。

他是神界的工匠、盔甲师、铁匠，替神建造房屋、家具，也铸造武器，备受尊崇。他的工坊里，有若干以黄金打造的女仆四处走动并协助他工作。后来诗人常指称他的铁工厂在某一处火山内，所以常引起火山爆发。

有故事称赫菲斯托斯的妻子是美惠三女神之一，也有一说是爱神阿佛洛狄特。

这位和善、爱好和平的神，颇受天上人间欢迎，与雅典娜同为守护城市生活的重要角色——两者都是手工艺和农业的保护神，而手工艺和农业同为文明支柱。他护佑铁匠，雅典娜护佑织工。年轻人加入都市组织时，所敬奉之神即为赫菲斯托斯。

赫斯提亚（维斯塔）

她是宙斯的姐妹，与雅典娜、阿耳忒弥斯同为处女神。其个性并不明显，在神话中分量不重。她是"炉灶女神"，为家庭的象征，新生儿正式成为家庭成员前，必须先带至炉灶旁绕一圈，人们每次用餐前后须祭祀她。

每座城市都立有专司祭拜赫斯提亚的公共炉灶，那里的火苗绝不可熄灭。若要成立新属地，殖民者必须要从主城炉灶取得炭火，拿来点燃新城灶火，才可安居。

在罗马，赫斯提亚的灶火由六位处女祭司管理，她们被称为维斯塔侍女。

赫斯提亚

2

奥林匹斯次要神祇

厄洛斯（罗马名丘比特），小爱神。据早期故事描写，他是位美丽而严肃的青年，经常给人馈赠佳礼。早期故事中他并非阿佛洛狄特的儿子，只说他偶尔与她相伴，后来则被写为阿佛洛狄特之子，而且是一名顽皮少年。他常蒙眼现身，全因陷入爱情者皆为盲目。身旁侍候他的是**安忒罗斯**，人称爱情受挫的复仇者或是反对爱情者；还有**希摩罗斯**（意为渴慕）、婚礼之神**许门**。

赫柏，青春女神，宙斯和赫拉之女。她偶尔为众神斟酒，有时这职位也由伽倪墨得斯担任——这位俊美的特洛伊王子，是被宙斯化身为圣鹰抓上奥林匹斯的。除了嫁给大力神赫拉克勒斯之外，赫柏没有其他故事。

伊里斯，彩虹女神，神界使者。而同样也是神界使者的赫尔墨斯在《伊利亚特》中大展身手，但并未完全取代伊里斯，众神会轮流传唤他们。

美惠三女神共三位，分别是**阿格莱亚**（光彩），**欧佛洛绪涅**（欢乐）和**塔利亚**（欢宴）。她们是宙斯和泰坦巨神俄刻阿诺斯之女欧律诺墨所生。她们从不分开出现，是优雅和美丽的化身。

缪斯女神共有九位，是宙斯和谟涅摩绪涅（记忆之神）之女。她们与美惠三女神一样，彼此不分开。她们各司其职：**克利俄**掌管史学，**乌剌尼亚**掌管天文学与占星学，**墨尔波墨涅**掌管悲剧，**塔利亚**掌管喜剧，**特尔普西科瑞**掌管舞蹈，**卡利俄佩**掌管英雄史诗，**埃拉托**掌管情诗，**波吕许谟尼亚**掌管颂歌，**欧忒耳佩**掌管抒情诗。

宙斯的形象变得更为崇高时，有两位威严形体分居宙斯两旁，一是**忒弥斯**（意为正义或神授司法），一是**狄刻**

（意为凡间司法），但这两个形体从未化为真人，成为有

人格的神。

厄洛斯（罗马名丘比特），小爱神。

3
冥府

由哈迪斯（普鲁托）与其妻珀耳塞福涅统治。人们通常也会以哈迪斯的名字称呼冥府。

冥界分为两区，一区称塔耳塔洛斯（意为地狱），另一区称为厄瑞玻斯（意为黑暗界）。较深的"地狱"是囚禁泰坦神族的囚牢；"黑暗界"是人死后最先通过的一区，通常两者并无太大差别。"地狱"常被当作整个冥府的代称。

罗马诗人维吉尔描绘冥府，称冥府之路通到阿刻戎河（苦恼河）注入科塞特斯河（悲叹河）之境。这里由一位名为卡戎的老船夫摆渡亡魂到彼岸的地狱大门，死者死后必须被依礼下葬，且家人在其唇上放了过路费，才能获得通融上船。

长有三个头、一条龙尾的地狱犬刻耳柏洛斯坐在门口守卫，所有亡魂只可进不准出。每个亡魂到达冥府，首先

冥府可怕的三头地狱犬

被引至拉达曼提斯、米诺斯和埃阿科斯三位判官面前，由他们判定善恶，恶者须受长期惩罚，善者可前往"极乐"地区。

除阿刻戎河和科塞特斯河外，尚有三条河分隔阴阳界，分别是佛勒革同河（火河）、斯堤克斯河（守誓河）、勒忒河（遗忘河）。

冥王普鲁托的宫殿位在冥府深处，据说这里有多门的宫殿和无数访客，其四周是幽冷荒地。这里也有开着常春花的草地，想必那花儿也长得怪异、毫无生气。除此之外，我们一无所悉。

复仇女神：一般认为有三名，分别是**提西福涅、墨该拉**和**阿勒克托**。一种说法是她们住在冥府，负责惩罚作恶之人；另一说则是认为她们于凡间追逐罪人，虽不留情，但很公正。

睡神与兄弟死神住在冥府。梦神也需要从冥界上来，他需要通过两道门，才能到达人间。若通过角状的门，人的美梦可成真；若是通过象牙门，人的梦就会落空。

冥河船夫——卡戎

凡间
二大神祇

谷物女神德墨忒尔（刻瑞斯），是克洛诺斯和瑞亚之女，她和酒神狄奥尼索斯（罗马名巴克斯）都是凡间至高神祇，在希腊罗马神话中皆享有重要地位。

德墨忒尔的神殿位于雅典附近的小镇厄琉息斯，其祭仪名为"厄琉息斯秘仪"，希腊和罗马人都一致尊崇。酒神狄奥尼索斯不知何时进驻了厄琉息斯殿堂，与谷神德墨忒尔比肩。

1
德墨忒尔
（刻瑞斯）

德墨忒尔的独生女是春神珀耳塞福涅。话说有一天珀耳塞福涅见了奇异的水仙花，就离开同伴去采花，不料被冥王普鲁托强行掳去。当时冥王乘着一辆黑马车，自地底缝隙中钻出，一把抓住春神的手，蛮横地将她带回冥界。珀耳塞福涅的哭喊声回荡在山海之间，德墨忒尔听到了，便迅速跋山涉水来寻女，却没有人敢把真相告诉她。

德墨忒尔因此不吃不喝、游荡了九天，最后央求太阳神告诉她实情，才得知珀耳塞福涅正处于冥界，与幽魂为伴。失去爱女的德墨忒尔非常伤心，索性收回原先赐予大地的礼物，任由冰冷的荒原取代开花的绿野，留下一片死寂。

德墨忒尔非常伤心，无法待在奥林匹斯，就化为人身在凡间流浪。她一路流浪到厄琉息斯镇，坐在路旁墙角，样子看起来就像个年老的保姆。有四姐妹到井边取水时见到她，怜悯地问了她的处境。德墨忒尔回答，有一群海盗想把她卖作奴隶，幸运逃出的她来到异乡，但无亲人可依靠。

四姐妹们表示镇上人们都将欢迎她，她们想禀报家中的母亲后，再请她回去做客。德墨忒尔点头答应，于是姐妹们赶忙打水回家，母亲墨塔涅拉听了之后，便让她们快去请德墨忒尔来做客。姐妹们迎回头戴面纱、一袭黑袍的女神。越过厅堂门槛时的她散发着神圣光芒，手里抱着小孩的母亲墨塔涅拉见了此景，不禁生起敬畏之心。

她请德墨忒尔坐下，亲自端甜酒待客，但女神不喝。她开口要了一杯加了薄荷的麦茶，这是收获时节农人用来解渴的清凉饮料，也是厄琉息斯神庙赐给信徒的圣水。喝完后，德墨忒尔便把小孩得摩丰抱在怀里，墨塔涅拉看了很高兴。于是，德墨忒尔就留下来抚养得摩丰，他是墨塔涅拉和智者克琉斯的儿子。德墨忒尔每天用神馔喂孩子，晚上把他放在火焰上烧，想让孩子得到不朽青春。孩子的母亲却感到不安，有一晚起来查看，见到火焰上的孩子，吓得大叫。德墨忒尔生气地将小孩往地上扔去。女神原本想让他享有永恒的青春与生命，结果现在是不可能了，但他曾睡卧在女神怀里，所以一生都能荣华富贵。

这时德墨忒尔显露女神光华，流泻一身美丽光芒，光耀满堂，同时告诉惊慌失措的墨塔涅拉，她就是德墨忒尔。她告诉墨塔涅拉必须在附近帮她立一座神殿，取悦于她，女神说完就此离去。

说不出话来的墨塔涅拉跪地不起，大伙也惊慌战栗。隔天，克琉斯召集人民，告知女神的旨意，大家认真而努力地为她建立殿堂。神殿完工那天，德墨忒尔孤单地坐镇新殿，因思女心切而显得神情憔悴。

那一年，人们的生活痛苦难熬，因为地面荒凉，种子都不发芽，牛卖力犁田也没有用。眼看人们都将死于

德墨忒尔与珀耳塞福涅

饥荒，宙斯出面干预了，劝女神息怒。但德墨忒尔表示，除非见到女儿，否则绝不许大地有收成。宙斯明白自家兄弟必得妥协，于是差遣赫尔墨斯到冥府，请冥王让珀耳塞福涅回到她母亲身边，条件是她逗留冥府期间，不能吃下任何东西。

珀耳塞福涅听到赫尔墨斯捎来的命令，雀跃地想要离开。冥王只好服从宙斯命令，放春神返回人间，但求她离去前服下石榴子，算准她吃下石榴子后，还是会回来。冥王准备好金车，而赫尔墨斯充当车夫，直驱德墨忒尔大殿。德墨忒尔立刻迎接女儿，珀耳塞福涅投入母亲的怀抱，母女紧紧相拥后，说了一整天的话。德墨忒尔听说女儿吃了石榴子后，十分伤心，以为无法留住女儿了。

宙斯派了另一个使者，即自己的母亲、老一代的神瑞亚，去安抚德墨忒尔。瑞亚远从奥林匹斯前来，站在德墨忒尔的大殿门口说道："如你所愿，你的女儿将回到你身边。冥府只能留她三分之一的时间，其余时间属于你及快乐的凡人，现在握手言和吧，只有你能赐予大地生命。"

德墨忒尔并未拒绝请求，虽然瑞亚的话也不算什么安慰，因为她每年还是要看着女儿去冥府四个月。但她心地仁慈，为自己一手造成的荒凉景象感到抱歉，因此再度让田地结满果实，遍地生长鲜花绿叶。接着，她去寻找兴建殿堂的厄琉息斯王子们，选了特里普托勒摩斯作为使者，教导人们如何播种谷物，并传授秘仪给他和克琉斯等。

德墨忒尔和珀耳塞福涅两位女神，在故事里的主题主要是伤痛，德墨忒尔是收获女神，却也是痛失爱女而心伤的母亲。珀耳塞福涅是春夏灿烂洋溢的女神，但冥王掳走她以后，她再也不是无忧少女了，寒冬一来便会死去。每年春天虽然会复活，却也带回冥府的回忆，亮丽的她始终有股怪异气息，常被喻为"不得称呼其名号的少女"。

奥林匹斯神尽是快乐的神、长生之躯，远离凡人的生死离别，但在伤心和死亡的时刻里，人们至少可以在也会伤痛与死亡的女神那里得到悲悯。

狄奥尼索斯的故乡是底比斯（又译忒拜），是宙斯和底比斯公主塞墨勒之子。众神之中，唯独他的母亲是名凡人。

塞墨勒是宙斯所有情人里最不幸的一位，不幸原因仍是因为天后赫拉。宙斯疯狂爱上塞墨勒，愿意答应她的任何要求，还指着守誓河斯堤克斯立誓，让自己不得违背誓言。而塞墨勒告诉宙斯，她想一睹宙斯的天神真身，这个念头是赫拉暗中注入在她心中的。宙斯明白凡人若看见他的真身必定会死，但立誓后必得履约，最后只能眼睁睁地看着塞墨勒不敌他现出真身后的雷电强光而死去。所幸他抢救下了即将出生的孩子，直到孩子长大前都不敢让赫拉知情。他命赫尔墨斯把孩子送到尼萨山谷，请当地仙女抚养，那里是世间最迷人的谷地，传说那些仙女是日后变成星星的许阿得斯姐妹，

2
狄奥尼索斯
（巴克斯）

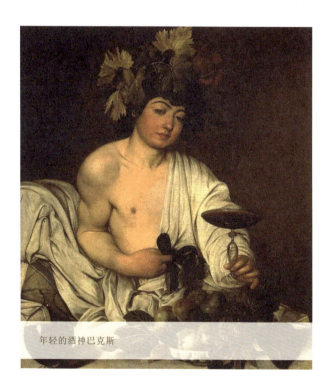

年轻的酒神巴克斯

当这几颗星星接近地平线，就会降雨。

长大后的狄奥尼索斯流浪他乡，四处教人种植葡萄，传授祭拜酒神之礼，人们以神明之礼待他。最后他回到家乡附近，情况则不同。

某日有艘海盗船自希腊近海驶来，海盗看见岸边岬角上有位美少年，结实的臂膀罩着紫色斗篷，浓密黑发披肩，看起来像是位王子。海盗们认为绑架他定能勒索到大笔赎金，随即便上岸抓人，想要用粗绳绑他。不料绳子一接近他就自动松落，而少年只是笑看着海盗。

一个舵手心里明白这个人是神祇化身，说应该赶快放了他，否则会招来祸端。船长却不听，还让船员快快带着少年出海，船只却纹丝不动。接着，发生了神奇的事，美酒溢满甲板，船上生出葡萄藤，藤蔓绕缠船桅，开花结果，惊恐的海盗们连忙想要逃走。但一切都太晚了，少年化为狮子，恐怖咆哮与骇人目光让海盗们急得纷纷跳海，落入水中的海盗顿时变成了海豚，唯有善良的舵手例外，因为酒神对他特别开恩。

酒神在前往希腊的途中曾经过色雷斯，遭到国王莱克格斯的羞辱，这位国王极力反对祭拜新神，让狄奥尼索斯避居深海。不久，酒神返回把莱克格斯打败，给予教训。其他神对莱克格斯可没这般温和相待，宙斯打瞎了他的双眼。不久，莱克格斯就辞世了。

酒神的女信徒统称为"迈那得斯"，那是一群因酒疯狂的女人，狂奔在树林和山野之间，尖声大叫，目空一切。路上遇见她们的野生动物会被她们生吞活剥。奥林匹斯神喜欢有秩序、充满美的祭品和殿堂，但酒神的女信徒没有殿堂，她们以柔软草地为床，在茂密的树荫下入睡，醒来后精神奕奕，然后到清澈的溪流沐浴。这个露天祭拜仪式使人相当愉快、获得释放，而野地的美，足以让人狂喜，但往往也会发生恐怖的血腥祭典。

狄奥尼索斯的祭典围绕着两极观念，一是自由和狂喜，一是残忍和野蛮。酒神将两者赐给信徒，因此酒神信徒一生里时而幸福，时而毁灭，其名下罪行以发生于酒神家乡底比斯的事件最为恐怖。

为了建立酒神信仰，狄奥尼索斯来到底比斯，身边依旧有一群女人同行，她们穿着长袍，披着鹿皮，挥舞满是藤蔓的令牌，跳舞哼唱，看来一派狂喜。

彭透斯是底比斯国王，也是塞墨勒的妹妹的儿子。他不知道率领这群怪异女子的人是他的表兄弟，只觉得这群人怪异得让他反感，一度强行制止。彭透斯命卫兵逮捕囚禁这些人，特别是那个带头的，"醉得满脸通红，八成是来自吕底亚的神棍"。此话一出，彭透斯身后就传来警告："你反对的是一位新神，他是塞墨勒之子，宙斯当年保住他的命，他与德墨忒尔同为凡间大神。"说话者正是底比斯的盲眼老先知泰瑞西阿斯，没有人比他更清楚神意。彭透斯转身，发现先知的装扮与那些怪异女子差不多。彭透斯先是对他嘲笑一番，随即轻蔑地命令他离开，就这样，不听劝的彭透斯在劫难逃。

狄奥尼索斯被士兵带到国王面前，士兵说狄奥尼索斯不打算逃走或反抗，束手就擒。士兵感到不好意思，向酒神解释说是奉命行事，并非有意拘捕。而关在牢里的女子都逃走了，因为镣铐自动松开，牢门自动开启，根本关不住她们。

彭透斯满腔怒火和轻蔑，理智尽失，粗声粗气跟狄奥尼索斯讲话，狄奥尼索斯则柔声回答，似乎想让他回复真正的自我，让他睁大眼看清眼前的神。他警告彭透斯不可能关住他。

彭透斯气急败坏地命令士兵将他捆绑起来送进监狱，狄奥尼索斯临走时说道："你如此错待我，等于得罪众神。"

监狱无法关住狄奥尼索斯，他出来后又去找彭透斯，试着劝他屈从神迹，鼓励人们祭拜伟大的新神，彭透斯再度羞辱恐吓他，狄奥尼索斯自此放手不管，让他自行面对命运，那将是史上最恐怖的劫数。

彭透斯上山追捕酒神的信徒，女信徒们逃进山林，许多底比斯妇女也加入了她们的行列，包括彭透斯的母亲和姐妹。狄奥尼索斯显示最可怕的一面，他让大家疯狂，让那些女人产生幻觉，以为彭透斯是一头山狮。于是众人冲上前，打算杀死他。彭透斯的母亲率先行动，等到她们扑到他身上，他才知道自己得罪了神。她们将他撕裂后，酒神又恢复她们的理性，彭透斯的母亲才知道自己做了什么。看着她陷入痛苦，原本挥舞令牌歌舞的女子们，也才清醒过来。

狄奥尼索斯的两个形象乍看似乎互相矛盾，有些故事里他是欢喜之神；有些故事里，他是冷血、野蛮、残忍的神。正因为他是酒神，这两种形象倒也简单且合乎常理，酒有好坏，既能振奋及温暖人心，也会令人现出丑陋、堕落的一面。

总之，在他的影响下，人得以增加勇气，去除恐惧。他让人觉得可以做到平常自认做不到的事。当然，这份自在和自信将在酒醒后消失。不过，酒力存在时，人等于具有超越自我的能力。故而人们对狄奥尼索斯的感受不同于其他神，酒神不只形于外，更存于人体之内。

以谷神德墨忒尔为主的"厄琉息斯秘仪"确实重要，但无长远影响，或许因为不准公开其过程或描写其内容的缘故，最终在人们中只剩下模糊记忆。酒神祭仪则完全不同，其节日活动全部公开，影响力延续至今。酒神祭典定在春天葡萄藤绽芽时，历时五天，此期间人们全然享受安宁愉快，暂停一切日常工作，不得使人入狱，还要释放囚犯。人们不在荒野礼敬酒神，也不到殿堂上献祭，而是在戏院上演一出戏作为圣礼。希腊与全世界最棒的诗，全是为狄奥尼索斯而写。撰写剧本的诗人、演员、歌者被视为酒神的仆人。作家、演员和观众从事着礼敬活动，他的祭司坐在贵宾席中，人们相信狄奥尼索斯会亲临现场。

PART

2

A N C I E N T

创世与
早期英雄故事

创世

神出现前的洪荒远古，只有无形的卡俄斯（混沌）处于无边黑暗，最后这片无形虚空孕育出两子，一个是倪克斯（黑夜），一个是厄瑞玻斯（深渊）。除此之外，宇宙空无一物，尽是黑暗。倪克斯与厄瑞玻斯结合，诞生了埃忒尔（太空）和赫墨拉（白昼），接着诞生了大地。

1
神与世界
的起源

克洛诺斯

第一批有生命的生物诞生了，他们是大地之母盖亚和天空之神乌拉诺斯所生。这些怪物具有撼天动地的能力，但他们似乎并未在故事中真正单独现身过，而是属于一种传说式的存在，只是拥有移山倒海的力量而已。

在此之后的百手怪物是一种体形巨大又强壮的怪物，生来有一百只手和五十个头。另外有名为独眼巨人的，只有一颗大如车轮的眼珠生于眉心，体形大如高山峭壁，破坏力十足。最后就是泰坦巨神，他们数目众多，体形、力气不亚于其他神。他们不全是具有破坏性的凶神，其中几位相当仁慈，人类出现后，其中有一位曾拯救人类免于毁灭。

乌拉诺斯讨厌百手怪物孩子，便把他们囚禁在某个隐秘之处，只留下独眼巨人和泰坦巨神。盖亚见孩子受虐，便求助于独眼巨人和泰坦诸神，但只有泰坦神克洛诺斯敢反抗父亲，还把乌拉诺斯打伤了。乌拉诺斯流出的鲜血中诞生了复仇三女神。巨人族是克洛诺斯与盖亚的第四批孩子。复仇女神因负责追捕及惩罚罪人而被称为"黑暗行者"，她们模样吓人，蛇群缠绕为发，眼里布满血丝。后来其他怪物都被驱离世上，唯独复仇女神留下，只要世上还有罪孽，就不可能驱逐她们。

从那时起，克洛诺斯成为宇宙之王，其妹瑞亚（罗马名奥普斯）为王后，他们的叛变之子即是未来统领天地者——宙斯。宙斯的叛变是有原因的，因为克洛诺斯听到预言说儿子将来会推翻自己，便把出世的孩子一一吞下，心想如此可以改变命运。当瑞亚生下第六个小孩宙斯后，便私下将婴儿藏至克里特岛，然后交给丈夫一块布包着的大石。克洛诺斯不疑有他，一口吞下。宙斯长大后，凭借着大地之母盖亚（亦是他的祖母）协助，迫使他父亲吐出了之前吞下的五个孩子。

克洛诺斯和泰坦巨神联手，向宙斯和他的兄弟姐妹们宣战，这场战争几乎毁灭宇宙。宙斯释放了百手怪物，百手怪物用他们锐不可当的武器，即雷霆、闪电和地震协助宙斯，加上泰坦巨神伊阿珀托斯之子普罗米修斯相助，克洛诺斯和泰坦一族最终战败。

战争过后，宙斯惩罚他的敌人，其中以普罗米修斯的兄弟阿特拉斯罪孽最重，因此他必须背着整个世界，永远站在云雾缭绕的黑暗之处。那里是日神与夜神交接的地方，他们总是轮换出访大地或留守，一个为世人带来光明，另一个则带来睡眠与死亡。

泰坦诸神战败后，宙斯尚未大获全胜。大地之母产下最后一子，比她以前生的怪物更加恐怖，名为提丰。不过现今的宙斯掌控了雷霆和闪电，两者成为他的专属武器，他最后将提丰击倒。

过了一段时间，巨人族叛变，企图颠覆宙斯统治，但众神已然强大，又有宙斯之子赫拉克勒斯相助，巨人族战败后下了地狱，这之后宙斯和其兄弟姐妹的统治地位再不容争辩了。

2

人类的诞生

世上怪物全数剪除，创造人类的时候到了。此事说法不一，有人说诸神请托普罗米修斯和他的兄弟埃庇米修斯去办。普罗米修斯意为"深谋远虑"，充满智慧；埃庇米修斯的意思是"事后想法"，糊里糊涂，行事冲动不考虑后果。埃庇米修斯这回也不例外，在创造人类之前，将力气、敏捷、勇气、诡诈、皮毛、羽翼、硬壳等全部给了动物，没有一样好处留给人类，令人类既无蔽体之物，也没有对抗野兽的本领。跟往常一样，这次又得找哥哥善后了。普罗米修斯接下差事，想办法让人类变得优秀些。他把人的外貌打造得比动物优越，同神一般直立行走，然后他前往奥林匹斯，找太阳神点燃火炬，带着火苗送给人类防御野兽，其效用远胜于其他的东西。

至于另一个说法，是说众神一起创造了人类。首先，用黄金打造人类，黄金时代的人类虽然会死，在世时却能像神一样过着无忧无虑的生活，不需要劳动，谷物自能收成，还有许多家畜。他们特别得到神的恩宠，死后变成善良的精灵，守护人类。

这个故事版本里的神有意试用各类金属来造人，但顺序却是从优到劣。试过黄金后，就用白银。白银时代的人类比起黄金时代显得智慧不足，他们互相伤害，最后死去，死后的灵魂也不会永生。再来的第三支民族由铜制成，他们十分强壮，热爱战争和暴力，最后自寻毁灭。第四支民族则是如神般出色的英雄，参加过光荣战役，经历过大冒险，被后世不断地谈论颂扬。他们离世后就前往极乐之岛，过着永恒喜悦的生活。

第五支民族即现居地球的人类——铁人族。他们生在邪恶年代，本性亦邪恶，因此无法远离悲伤和劳苦，一代不如一代。他们崇拜权力，认为握有权力者有理，敬重好人的观念最终消失，最后人们不再对恶行发怒，或是面对可怜人也不再感到羞耻，最终宙斯将摧毁他们，若是平民起而推翻压迫人民的昏君，或许还有转圜余地。

这些故事的共同点在于，最初世间只有男人而没有女人。女人的出现，源自宙斯。因为看见普罗米修斯特别关照人类，宙斯愤而创造女人。普罗米修斯不仅偷火给人类，甚至让人类取得牲礼中最好的部分，而较差的部分则用来献祭给神。事情是这样的：普罗米修斯宰了一头大公牛，分成两堆，其中一堆里藏有可食用部分，上面放内脏来掩饰；另一堆都是骨头，上面覆上白花花的油脂。他请宙斯从中选一堆来当作祭品，宙斯选了有白亮油脂的那堆，结果发现里面都是骨头，即使气急败坏，也只能遵守约定。从此，人类只需要献上油脂及骨头给神当作祭品。

宙斯心有不甘，发誓报复，于是创造出一件不祥之物，即一名貌美可爱的腼腆少女。宙斯要众神送各种礼物给她，诸如鲜花环和金色顶冠，由于礼物很多，便替她取名为潘多拉，意为"众人之礼"。这个美丽的祸水完成后，宙斯把她带到众神与人类面前，大家见了她皆惊为天人。她是第一个女人，自此，

潘多拉的盒子

世上有了女性族群，她们对男人而言是祸水，骨子里会使坏。

另一则有关潘多拉的故事，称一切灾祸并非由她邪恶本性造成，而是她的好奇心作怪。众神送她一只盒子，每人放进一样有害物，并禁止她打开。后来大家把她交给埃庇米修斯，尽管普罗米修斯曾警告他不可收宙斯送的礼物，但他还是收了。等他娶潘多拉为妻以后，才明白哥哥的劝诫是正确的。潘多拉跟所有女人一样拥有旺盛的好奇心，想知道盒子里装了什么。有一天，她掀起了盒盖儿，里面飘出数不清的瘟疫、悲哀和人类的其他各种祸端。潘多拉急忙盖上，但已经来不及了，盒子里只留下了"希望"。这个盒子里尽是邪恶，唯独"希望"是个好东西，它至今还是人类遭逢不幸时的一种安慰。

宙斯后来把注意力转回普罗米修斯身上，从前仰赖普罗米修斯协助才打败泰坦诸神，现在他显然忘记了这笔人情。他差遣仆人"武力"和"暴力"前去逮捕普罗米修斯，将他带到高加索山，用无人可解的铁链绑在岩石上，又派了一只老鹰去啄食他的肝脏。而普罗米修斯每日被吃掉的肝脏，马上又会长出来，因此这种折磨是无穷无尽的。

这般折磨不只是个处罚，宙斯还想迫使他吐露一个对宙斯极为重要的秘密。原来宙斯知道未来有个儿子将推翻他，还会将众神逐出天庭。唯有普罗米修斯知道那个儿子的母亲是谁。当普罗米修斯被困在磐石上陷入痛苦时，宙斯差遣赫尔墨斯来打探这个秘密，普罗米修斯却不愿意说出这个秘密。赫尔墨斯警告他，他若顽强地坚持沉默，将会受更可怕的折磨。

任何威胁与折磨都无法使普罗米修斯屈服，虽身体被捆绑，但他的心灵是自由的。他不愿屈服于酷刑和暴政，自认对宙斯尽责，怜悯无助的人类也是对的。

后来普罗米修斯重获自由，但原因不详。有个说法是长生不老的马人喀戎自愿代他受刑。还有一说为，赫拉克勒斯杀了老鹰，解放了普罗米修斯，宙斯也没反对。但宙斯为何改变心意，普罗米修斯获释后是否吐实，便不得而知。可确定的是，双方无论以何等方式妥协，绝不是普罗米修斯屈服。古希腊时代至今，他的名字一直代表着反不公正行为、反权威。

早期的英雄故事

1
普罗米修斯 和伊娥

普罗米修斯送火给人类之后，不久就被困于高加索山的磐石。有一天，来了一位怪客。一头窜逃的动物笨拙地爬上峭壁，向他奔去，"它"外表是小母牛，说话却像个伤心失神的女子。见了普罗米修斯，她停下向他哭诉。

普罗米修斯认出她，知道她的身世并呼出其名。

"……我认识你，女孩，伊纳科斯之女伊娥，你让天帝满腔炽热爱火，使赫拉起而生厌，迫你无止境地窜逃。"

伊娥惊讶得停止狂奔，呆若木鸡，在这样荒凉的地方，竟然有陌生人知道她的名字。她问道："受罪的人，你是谁？竟能说出另一个受罪之人的事情？"

他回答："你看到的，正是送火给人类的普罗米修斯。"

伊娥知道这个名字，也知道他的故事："你是解救全人类的神？你是果敢勤劳的普罗米修斯？"

他们彼此畅谈，互道因宙斯而受罪的经过。过去的伊娥是位快乐的公主，如今却变成一头野兽。宙斯善妒的妻子赫拉造成了她的不幸，起因就是宙斯。事情的经过是这样的：宙斯爱上伊娥，常常进入她的梦境，为了掩藏踪

赫拉与伊娥

迹，还用一片乌云笼罩大地。赫拉明白异象背后藏有蹊跷，立刻飞到人间，命令乌云退散。宙斯动作也很迅速——当赫拉看到他的时候，他旁边只有一头可爱的白色小母牛，那便是伊娥的化身。他发誓从未见过这头牛，但赫拉不信，她说小白牛很漂亮，央请宙斯送她为礼，宙斯害怕拒绝会东窗事发，只好不情愿地交出伊娥，而赫拉知道如何让宙斯无法再接近伊娥。

伊娥被交给阿耳戈斯看管，因为阿耳戈斯是个长有一百只眼的巨人，可以部分眼睛闭着安睡，部分眼睛睁着看守。宙斯无力解救，只能看着伊娥过着悲惨的生活。最后他寻求儿子赫尔墨斯的帮助，让他施计杀掉阿耳戈斯。赫尔墨斯化为乡下人的模样，以芦笛吹奏美妙旋律，接近阿耳戈斯。阿耳戈斯听到音乐，让乐师靠近些，这正合了赫尔墨斯的意。他吹完笛子后，跟阿耳戈斯聊天，故意把故事说得单调无趣。此招奏效了，巨人的多数眼睛闭上睡着了，只剩下少部分保持清醒。最后，赫尔墨斯说的最后一个故事，让阿耳戈斯完全睡着，那是潘神的故事：他爱上名为绪任克斯的仙女，她一心逃避却即将被抓住之时，仙女姐妹们把她变成了芦苇。潘神说："你仍将属于我。"然后用她所变成的芦苇做成了一支牧羊人之笛。

阿耳戈斯觉得沉闷，所以全部眼睛都闭上了，沉沉睡去，赫尔墨斯立刻杀死了他。后来赫拉取下阿耳戈斯的眼，把它们镶在孔雀尾羽上。

伊娥重获自由，但仍未彻底恢复人形，赫拉立刻派了一只牛虻折磨她，叮得她发狂。伊娥告诉普罗米修斯："她一路逼我走向漫长海滨，我不得停歇饮食，更不得入睡。"

普罗米修斯试着安慰她，但也只能要她把希望寄托在未来，因为目前她还是得流浪到其他地方。可以确定的是，她初次狂奔时所见之海将以她为名，叫作爱奥尼亚海，海滨名为博斯普鲁斯，意为"母牛的浅滩"。她抵达尼罗河时将会得到解脱，在那里宙斯会将她恢复人身，她将为他产下一子，名为厄帕福斯，从此享有无尽的快乐与荣耀。

普罗米修斯又说："你的后代中将会出现一个持弓、大而无畏的英雄，他会释放我。"

伊娥的这个后代即是伟大的英雄赫拉克勒斯，神也比不上这名最伟大的英雄，幸亏他施以援手，普罗米修斯才得以重获自由。

2
欧罗巴

伊娥并不是宙斯情人中唯一因地名而享誉的人，名声远布者尚有腓尼基公主欧罗巴，区别在于伊娥吃尽苦头，欧罗巴则幸运多了。她只有骑牛渡海，在这短暂的时间里受到惊吓，不算受罪。故事并未交代天后赫拉当时做过什么，显然这一次宙斯是趁赫拉不在而随心所欲的。

某个春日清晨，宙斯意兴阑珊地往地上瞧，顿见迷人景色。欧罗巴醒得早，与伊娥一样被梦所扰，她梦见两个大洲化身为女人，争抢着都企图拥有她。亚洲自称是生母，理该拥有她，另一个无名洲则宣称宙斯将把少女给她。

欧罗巴被异梦惊醒，她决定不睡回笼觉，而是召集同龄的贵族少女为伴，与她们前往海滨的草地，那里是她们最爱的集合地。她们喜爱在那里跳舞、沐浴或是采花。

被神抢掳走的姑娘——欧罗巴

花开盛季，少女们全都拎上花篮，欧罗巴的黄金花篮上有浮雕，奇怪得很，那上面描绘的竟是伊娥的故事，讲述了她化身母牛浪迹天涯，最后宙斯以神圣的手轻触了她，让她变回人身。这个篮子出自神匠赫菲斯托斯之手。少女们漫步在草地间，高兴地采着花，个个宛如仙子般出色，欧罗巴更是娇美绝伦。爱神一手策划了后头的事，她跟丘比特联手，趁宙斯看美景时，将爱情之箭射进宙斯心坎里，宙斯瞬间疯狂爱上了欧罗巴。尽管赫拉不在，宙斯还是需要谨慎行事，接近欧罗巴前，他先化为一头公牛。这可不是常见于牛棚或野地的公牛，他是世上最美的公牛，毛呈亮栗色，额头有个银圈，长着新月般的角，看来温驯可爱，不至于吓着少女，反而吸引她们围在他身旁抚摸他。他走向欧罗巴，而她轻抚牛身时，他发出比横笛更美妙的声音。

公牛在欧罗巴的脚边躺下，她嚷着要其他人过来与她同乘。她笑着坐上了牛背，虽然其他少女快步追来，却来不及了，公牛跳起来，全速狂奔进海里。它行走在水面上，所到之处，前方立即波平浪静，众神从海底现身相伴，老一代的海神涅柔斯骑着海豚，朝东吹着号角，现身的还有宙斯自家兄弟海神波塞冬。

一群奇人与四周波动的海水让欧罗巴惊慌失措，她一手抓住牛角，一手抓住紫袍以免弄湿，海风吹来，衣裙飘然。

这可能不是头简单的公牛，一定是神，欧罗巴猜想。她祈求对方垂怜，别将她独自抛在陌生地方。那头牛表明身份，证实她的猜测正确，并告诉她不用害怕，他是最伟大的宙斯，一切作为都是因为爱上了她。宙斯带她到自己的家乡克里特岛，当年母亲生下他后，便将他藏在那里，免于被父亲克洛诺斯痛下毒手，未来欧罗巴将在那里为他生下身份显赫的儿子。

宙斯所言不假，抵达克里特岛后，奥林匹斯守门人，即四季之神，负责装扮新娘。欧罗巴的儿子都很有名，其中米诺斯和拉达曼提斯由于在世为人公正，死后受封为冥府判官，但最有名的还是欧罗巴本人。

奥德修斯在独眼巨人波吕斐摩斯的洞穴里

3
独眼巨人
（波吕斐摩斯）

百手怪物、巨人族战败之后全被驱离地上，唯独独眼巨人族获准返回，还成为宙斯宠臣。他们是绝妙工匠，专司铸造雷霆。他们起初有三名，后来衍生出许多。宙斯赐给他们富饶的土地，那里的葡萄园和谷田不需耕种便能丰收，羊只成群，生活逍遥自在。不过他们的凶猛野蛮丝毫没有收敛，他们的领地里没有法律或法庭，对异乡人而言不是个好地方。

普罗米修斯受罚后的数百年，人类后世已成文明人，学会制造远航船只。一位希腊国王靠岸在这里，他名为奥德修斯（罗马名尤利西斯），在特洛伊灭亡后，准备返家。但即使在特洛伊战争最艰难的时刻里，他也从未像这次一样接近死亡。

就在水手下锚不远处有个很高的洞穴，洞口面向大海，入口有坚固的篱笆，似乎有人居住。奥德修斯带十二个人去查探，因为他们急需粮食。他带上一只装满美酒的皮囊，打算送给对方以回报款待。篱笆的门敞着，所以他们直接进入洞穴，里头空无一人，但看得出来主人生活十分富足。两侧羊栏里满是小羊，架上布满奶酪，桶里装满羊奶。船员们非常开心，就地吃喝起来，等待主人回家。

山洞主人终于回来了，竟是个身形高大如山的巨人，模样十分吓人。驱赶羊群入洞后，他便用大石板封住洞口，然后四处一望，竟发现有陌生人，便以如雷的声音大吼："你们是谁？竟敢私闯波吕斐摩斯的家？"人们被他吓坏了，但奥德修斯故作镇定回答："我们是遇到船难的战士，从特洛伊返乡，是受宙斯保护的人。"波吕斐摩斯咆哮表示不怕宙斯，他比众神高大，无所畏惧。说完便伸出双臂，一手抓起一人，将人摔死，然后吃得一干二净。吃饱后，他便横躺在洞里呼呼大睡，不怕人们攻击他，因为没有人能推开洞口大石板。若是人们起而杀死他，也将永远受困洞穴，不见天日。

漫漫长夜，奥德修斯面临前所未有的困境，若想不出逃生办法，只怕惨剧再起。次日清晨，羊群挤在洞口吵醒巨人，奥德修斯还没想出办法来，只能再度看着两名伙伴死去。巨人推开洞口石板，驱出羊群，又将石板复位。洞里的奥德修斯反复思考，现已痛失四名手下，莫非都得就此丧命吗？他脑海里终于浮现计划。羊栏附近有一根大木头，就像二十桨船的桅杆。他砍下一截并削尖，以火翻烤木头尖端。巨人回来时，他们已将木头藏起。当惨剧再度发生后，奥德修斯倒上好酒给巨人，巨人不断续杯，终于不胜酒力醉倒睡去。奥德修斯和手下搬出预备好的木桩，用火点燃尖端，刺进巨人的眼睛，巨人尖叫着猛然跳起，拔出木桩，在洞里来回冲撞，想要抓到凶手，但他失明了，奥德修斯等人都能躲开他的攻击。

最后巨人推开洞口大石，张手横坐，打算趁他们逃走时活捉起来。奥德修斯已经拟定计划，让每人选三只厚毛公羊，以弹性强的树皮拴在一起，等到天亮羊群出门时再行动。波吕斐摩斯摸着每一只羊，检查羊背是否载人，却万万没料到要摸羊的肚皮，奥德修斯等人其实就躲在羊肚下。走出这可怕的地方后，他们立即跳下地面，冲到船边推船入海并上船。奥德修斯此时再也压抑不住愤怒，不愿沉默地离开，出海后的他划向洞口，向盲眼巨人大喊："你听好，你不够强壮，故没法子吃掉所有人！看你对客人做了什么好事，活该受罪！"

这番话刺痛了波吕斐摩斯的心。他跳起来，抓下一块大石头丢向船只。石头差点击中船头，荡起的浪将船反推回岸边。水手们使劲划船，这才出了海。奥德修斯见已脱险，再次大声咒骂："独眼巨人，我是破城英雄奥德修斯，是我弄瞎了你的眼，要是有人问起就这么答话吧！"此时候他们已经离得远远的了，巨人无计可施，只得无奈地枯坐岸上。

4

花的神话：
水仙、风信子、秋牡丹

水仙

那喀索斯是个美少年，他的俊美让见过他的女孩都渴望当他的情人，但他一个也不爱，就连仙子厄科为他忧伤，他也视若无睹。厄科是女神阿耳忒弥斯宠爱的水泽仙子，但却不小心惹怒了天后赫拉。有一天，赫拉如往常一样试图探查宙斯的行径，她怀疑宙斯爱上某个水泽仙子，想揪出情敌，却因厄科拉住她谈话而分心，让与宙斯幽会的仙子逮住机会溜走了。赫拉找不到情敌，就把气出在厄科身上。赫拉惩罚她不能自己说话，只能重复别人所说的话。

这令厄科特别难过，因为她跟其他女孩一样爱上那喀索斯，希望得到他的青睐。有一次机会上门，那喀索斯在林中与同伴失散，他呼喊着同伴："有人在这里吗？"她喜出望外回答："在这里，在这里。"隐身树林的她没让他看见，他回答："来吧！"正好也想如此回答的她雀跃地说："来吧！"她伸手走出了林间，但他厌恶地转身，说道："我宁愿死去，也不让你支配我。"她谦卑地请求着："让你支配我。"但他已然远走。她羞愤得躲藏在无人洞穴中，得不到抚慰。传说她至今仍住在那样的地方，憔悴得形体消散，只留一缕声音回荡。

那喀索斯依旧行事冷酷。他是位蔑视爱情者，后来有位心碎的少女祈祷："愿那不爱人者爱上自己！"众神如了她的愿。女神涅墨西斯（意为报应）居中调度，正当那喀索斯屈身掬水饮用之际，见到自己的倒影，随即爱上自己。他因此而憔悴，守在池边，凝望倒影，久久不能自已。厄科离他不远，却也束手无策，唯有等到他临终之际，呼喊自己的倒影"再会……再会……"，她才能重复对他说这些话，当作道别。

曾受过他轻蔑的仙子们对他仍是慈悲，准备前去寻找尸体下葬，却遍寻不着，但他倒地不起之处生出一丛鲜花，她们就称它为那喀索斯（水仙）。

风信子

风信子的创生也与少年有关。雅辛托斯是阿波罗好友，他与阿波罗竞技，比赛谁能把铁饼掷得更远，结果阿波罗掷出的铁饼落地后反弹了起来，正击中雅辛托斯的前额。阿波罗见对方流出一摊鲜血而大惊失色，脸色苍白的他试着为朋友止血，但一切都迟了，怀里的少年头部如断茎的花向后仰去，就此殒命。阿波罗跪在他身旁哭泣，悲叹痛失挚友。虽然错不在他，但对方却因他而丧命，于是他哭道："愿我能以性命换回你，或与你同赴黄泉。"当他说话之际，沾满血渍的草地再度显得绿意盎然，开出美妙的花朵，使得少年之名流芳后世（"雅辛托斯"意为风信子）。阿波罗在花瓣上题刻，传说是雅辛托斯名字的缩写，另一说是两个希腊字母ΑΥ，意为"唉"，每个说法都代表着神的沉痛。

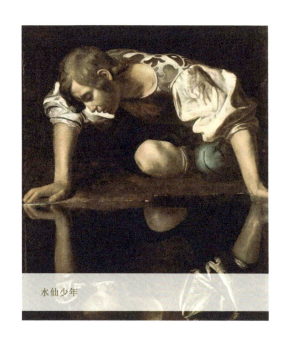

水仙少年

风信子的背后，古希腊神爱的誓言。

秋牡丹

　　死后化为鲜花者以阿多尼斯最有名，希腊少女每年都纪念他，她们在血红秋牡丹绽放时满怀欣喜。爱神阿佛洛狄特常用箭射穿众神与凡人的心，让他们尝到爱的伤痛，但她自己注定也得为阿多尼斯忍受椎心之痛。

　　阿佛洛狄特在阿多尼斯出生时便爱上他，她请冥后珀耳塞福涅代为养育，但珀耳塞福涅也爱上阿多尼斯，不愿把人交还，阿佛洛狄特只得亲至冥府要人。两位女神互不相让，终由宙斯裁定阿多尼斯秋冬时陪伴冥后，春夏时则是与爱神相聚。

与阿多尼斯共处的日子里，阿佛洛狄特为了讨好他，扮为女猎者，随着热衷狩猎的他走在崎岖的林间小路。可惜有一天，她没能陪他一起追捕大野猪，带着猎犬的他将野猪逼入绝境，猛力掷出长矛，但野猪只是受了伤。发狂的野猪冲向他，阿多尼斯来不及躲开，被野猪的獠牙刺穿身体，阿佛洛狄特听见爱人哀鸣，便火速赶来。

气若游丝的他，雪白肌肤上流着污血，眼皮变得沉重，眼神逐渐黯淡。她吻了他，但阿多尼斯已经没有知觉。他的伤口很可怕，但爱神的心更是伤痕累累，她一直跟他说着话，尽管他已无法听见。

此时的阿多尼斯身在黑暗冥府，听不见哭喊，也看不见沾满鲜血的大地绽放着因他而诞生的鲜红的秋牡丹。

阿佛洛狄特和阿多尼斯

PART
3

神话中的爱情
与冒险奇遇

浪漫爱情

1

丘比特
与普赛克

丘比特与普赛克

话说有位国王膝下有三个女儿，都是迷人的少女，但幺女普赛克比姐姐们更出色，犹如天仙下凡。她的美名远播，各地男子纷纷前来瞻仰她的美丽。人们甚至说维纳斯都不及她。他们拜倒在普赛克的风采之下，再也没有人想起维纳斯。维纳斯的殿堂遭到冷落，所有原本属于她的荣耀如今却给了一名凡间女子。

女神无法忍受如此对待，跟往常一样，遇上麻烦便求助她的儿子，人称小爱神丘比特的羽翼美少年，天上人间皆无人可挡其箭。她向儿子诉苦，他照例准备执行母命。她要求：让那个女人疯狂地爱上全世界最卑劣之人。但这回凡人的美丽也俘虏了小爱神。当他看见普赛克，似乎让手里的箭射中了自己的心坎。他无法对母亲启齿，维纳斯则信心满满地离去，相信儿子将很快为普赛克带来灾厄。

出乎意料，什么事都没有发生，普赛克并未爱上可鄙之人，更为古怪的是，也没有人爱上她。人们看见她，赞叹、膜拜一番，便满足离去，迎娶别的女子。两位不如她的姐姐也风光出嫁给其他的国王，唯独普赛克孤独一人，

丘比特与普赛克

受人仰慕，却无人愿意娶她。

　　她的父亲前往阿波罗神殿寻求神谕，望神指引如何为女儿觅得夫婿。神回复的旨意十分可怕。原来是因为丘比特曾告诉阿波罗来龙去脉，请求协助。阿波罗喻示道，普赛克必须身着丧服，独自坐在山丘顶上，在那里可遇见她的真命天子——一条惊人的、长有翅膀、胜过众神的大蛇。

　　普赛克的父亲带回这个悲惨的消息。他们为普赛克装扮得如同服丧，悲伤地带她前往山丘。普赛克倒是反过来安慰家人。家人们绝望悲伤地离去，留下无助的她面对命运，他们回去后则终日为她哀悼。

　　普赛克独自等待着未知的恐惧。就在她哭泣、颤抖时，一阵温柔的风吹来，原来是西风之神仄费罗斯。普赛克被吹拂起来，送到一处柔软的草坪上，伴着花儿的芬芳，她渐渐地睡去。她在耀眼的河畔醒来，河堤上富丽堂皇的宅邸似乎为神而建。这个地方静悄悄的，看起来无人居住，她一上前便为眼前光芒所震惊。站在门槛上犹豫不决的她，听见有个声音，虽不见任何人影，但声音清晰，告诉她这栋豪华住所属于她，无须惧怕，可以大方进入并梳洗一番，其后备有丰富飨宴供她取用。那声音接着说："我们是你的仆人，静候吩咐。"

　　她从未洗过这般愉快的澡，吃过这般美味的佳肴。晚餐时刻，美妙的乐音环绕四周。一整天里除了奇怪的声音相伴之外，她都是独自一人，但有股无法言喻的真实感觉。夜晚来临时，她的夫婿到来了，在黑暗中与她相会。她感觉他就在身边，听见他以温柔嗓音在耳边低语，因而消散了内心的恐惧。

　　如此聚散不定的关系无法完全满足她，但她仍然过得快活，时间也过得飞快。一晚，她的夫婿严肃地告诫她，她的两位姐姐恐怕即将带来危险。他说："她们将前往你消失的山丘哭悼你，但你不能让她们看见你，否则你将为我带来莫大的悲痛，同时毁掉你自己。"她允诺了。次日，她想起姐姐，自己却不能安慰她们，于是哭了一整天，丈夫的安慰也无法让她停止泪水。最后，他只能忍痛顺从她的心意："随你的意愿吧，但你是自寻毁灭啊！"丈夫复又严肃地警告她，不要听从别人的怂恿而试图窥探他的容貌，否则会因此失去他。普赛克答应不会这么做。她说："请通融我，让我与姐姐们会面。"丘比特只好黯然答应。

西风仄费罗斯把两位姐姐吹送来与普赛克相会，三人无法用言语表达内心的喜悦，只能拥抱痛哭。最后她们一同进入屋内，姐姐们看见满室的财宝、奢华的饮宴，耳里传来美妙的音乐，满心羡慕着，好奇地想知道妹婿的真面目。但是普赛克信守承诺，只是告诉她们，丈夫是名年轻男子，现在出外狩猎冒险去了，然后将金银珠宝塞满姐姐的手，让仄费罗斯送她们回山丘。她们开心地离去，但内心却是妒火中烧。如今比起普赛克，她们自身拥有的失色许多，因此她们嫉妒地着手计划摧毁普赛克。

那天夜里，普赛克再度被夫婿警告。他央求她别再让姐姐来访，否则两人永不能再相见，但她不愿听从，对丈夫说道："我已经不能见到你的人，难道连至亲的姐姐也不能见吗？"丘比特又如上一次般屈从了。很快地，两名邪恶的女人带着策划好的计谋来访。

当她们问起普赛克丈夫的长相，普赛克结结巴巴、言语矛盾，她们更加确信她没有见过他，根本不知道他的身份，但她们没有点破普赛克。她们又说她的丈夫不是人，而是阿波罗神谕所预言的恐怖巨蛇。现在的他是很温和没错，但他可能在某个夜里现出原形，把她吞掉。

普赛克被恐惧淹没，她常疑惑着为何丈夫从不让她看见，或许藏有可怕的隐情。她越想越担心，支吾地向姐姐承认，唯有黑暗之时他才出现与自己相伴。她哭道："他躲着日光，一定是他哪里不对劲了。"于是央求姐姐提出建议。

她们早已预先拟妥建议。她们要普赛克当晚在床边藏起一把利刃和一盏灯。当丈夫睡着时，她就离床点灯，再鼓起勇气一刀刺进他的胸膛。姐姐们说："我们就在附近，等他一死，我们便带你离开。"

于是她们离去，留下满心困惑、犹豫不决的普赛克。直到夜晚来临，她放弃挣扎了，决定做一件事——见他一面。她鼓起所有勇气燃起灯火，蹑手蹑脚地走到床边，将灯火高举。这一看，不由得满心欢喜，床上躺的不是怪物，而是世上最俊美的少年，连灯火见了他也似乎越发光亮。她跪倒在地，为自己愚蠢失信的行为感到羞愧，若非颤抖的手握不住刀，或许她早已杀了自己。但这双颤抖的手救了她，也背弃了她。就在她高举油灯、望着俊美的他而意乱情迷时，一些热油却滴上了他的肩膀，让他从睡梦中醒来。看见灯火，丘比特明白普赛克已背信，便打算离去。

小爱神对她表明身份，伤心地向她道别。"失去信任，爱无法存在。"说完便离去了。她心想："小爱神是我的丈夫，而我这个可耻的人竟对他失信，难道他要永远离开我了吗？"她鼓起勇气对自己说："至少我可以尽此余生寻找他，如果他对我不再有爱，至少我能让他知道我有多么爱他。"于是她踏上旅程，人海茫茫却不知该向何方去，只知道始终不放弃追寻他。

此时的丘比特回到母亲的阁楼里疗伤，维纳斯一听到事情的经过，愤然丢下独自心伤的他，前去找普赛克兴师问罪。维纳斯决定让普赛克了解触怒女神的后果。

可怜的普赛克绝望地四处流浪，试着寻求众神的支持，她不断地向神祈祷着，但没有人愿意与维纳斯为敌。最后她决定直接去找维纳斯，表明愿意谦卑为仆，试图软化她的怒意。她暗忖："也许他待在他母亲的住处。"于是她出发寻找女神，正巧对方也在四处寻找她。

她来到维纳斯的跟前，女神大笑，语带轻蔑地问她是不是在寻找险些遭她烫伤致死的丈夫。"说实在话，你是个不起眼也不讨喜的女孩，除非勤劳干活，否则别想找到他，我会给你一点训练。"维纳斯说完，拿了一大把植物种子，诸如小麦、罂粟、玉米等，将它们全部混在一起。"夜色降临前，这些必须分类好，为了你自己，好好做吧。"说完便离去了。

普赛克独自坐着，凝望着那堆种子，心里乱成一团，这显然是不可能完成的任务。就在这个悲惨时刻，普赛克得到小蚂蚁的同情，它们辛勤地将原本一团混乱的种子全都分好了。维纳斯回来后，看见分好的种子，生气地说："你的工作绝不会就此结束。"说完便给普赛克一片干面包，要她睡在地板上，自己则到香软的睡榻上歇息。维纳斯打着一个主意：让女孩做着粗重工作，处于半挨饿状态，她那惹人厌的美丽肯定将会逝去。同时她还让人严密看守仍在阁楼疗伤的儿子。

第二天，维纳斯指派给普赛克另一项任务，这次非常危险。"河堤旁有一片浓密的灌木林，那里有一群金色绵羊，替我取回它们的金羊毛。"那群金羊十分凶猛。疲惫的女孩走近河水，恨不得一头栽进河里，从此结束她的痛苦与绝望。但她俯身靠近河水时，脚边传来一个声音，往下一看，原来是来自绿色芦苇的声音，阻止她跳水自尽。芦苇告诉她："事情还不至于太糟，绵羊的确很凶，但只要等到傍晚，绵羊会走出灌木林，躺在河堤旁休息。这个时候，你就可以进入林子拿到挂在荆棘上的大量金羊毛。"

在古希腊罗马时代，玫瑰被视为维纳斯的圣花。

普赛克依照指示，顺利地为她残酷的女主人取回一些金羊毛。维纳斯得到羊毛后，露出邪恶的笑容。她言语犀利地说道："有人帮了你一把，你是不可能自己做到的，我会再给你一个机会，让你证明你的内心如同外表那般坚毅。看见那边山头流下的黑水了吗？那是可怕的斯堤克斯河源头，你去把水瓶装满回来。"普赛克接近瀑布时，发现这是一项更加艰巨的任务，岩石旁边尽是险峻湿滑之地，瀑布下冲的湍急水势又很吓人，唯有身有羽翼的动物才能办到。这次她的救星是一只老鹰，他飞到她的身边，叼走瓶子，然后为她带回满瓶黑水。

不过，维纳斯依然继续为难普赛克，她给了普赛克一只盒子，要她下探冥府，告诉冥后珀耳塞福涅，维纳斯为了照顾儿子而日渐憔悴，因此需要美丽的滋润，请珀耳塞福涅把一些美丽秘方装进盒里。一向顺从的普赛克动身前往寻找通往冥府的路，经过一座塔时，遇到了一个向导。向导详细指引她如何到达珀耳塞福涅的王宫——首先必须通过地底大洞，然后直下冥河，递给摆渡人卡戎一份钱作为引渡费。河对岸有条路直通王宫，门口有三个头的冥府看门犬把守，但只要友善地给它一块蛋糕，便能顺利通行。

她依言而行，顺利取得了珀耳塞福涅赠予的礼物。接下来的考验是由她自己的好奇心及虚荣而来的——她想看看盒里装了什么，或许自己可以先取用一些。她和维纳斯都明白，她所历经的苦难已使她容颜憔悴。她心想有一天可能会遇上丘比特，自己若是变得更迷人就再好不过。她无法抵抗诱惑，于是打开了盒子，结果，里面竟然空无一物！奇怪的是，一股浓浓倦意袭来，让她陷入沉睡。

此时，小爱神前来了。他身上的伤已经治愈，内心很想念普赛克。维纳斯虽然关上大门，但还有窗子啊！小爱神飞出窗外，开始寻妻，发现她就躺在冥府旁边。他拭去她眼上的睡意，将它放回盒内，然后用箭稍稍戳了普赛克一下，责备她的好奇心，又吩咐她将珀耳塞福涅的盒子还给母亲，保证从今以后一切都会安好。

普赛克开心地回去完成任务，丘比特则前往奥林匹斯。他想让维纳斯不再给他们找麻烦，于是直接寻求宙斯协助。宙斯同意丘比特的要求，说道："尽管你曾经让我的名誉尊严受到损害，比如害得我变身成牛和天鹅，但我却无法拒绝你的要求。"

于是他召集众神前来，包括维纳斯在内，向大家宣布丘比特与普赛克正式成婚，并赐予她神馔，使她永生。如此一来，情况完全不同了，维纳斯无法拒绝一名女神为媳，这桩婚姻可说是门当户对。何况，她想到普赛克以后得留在天堂相夫教子，无力下凡迷倒众生，也不会妨碍人们对她的崇敬了。

一切圆满落幕，爱与心灵（普赛克名字Psyche，原义为灵魂、心灵）历经苦难的试炼而找到彼此，如此结合将永不破灭。

俄耳甫斯是某位缪斯女神与色雷斯王子（一说是阿波罗）之子，他承袭了母亲给予的音乐天赋，家乡则予以其滋养。色雷斯人是希腊人中最擅长音乐的一支，但是俄耳甫斯除了众神以外，在那里全无可与之匹敌的对手。他演奏与歌唱时，魅力无边，无人可以抗拒。

他虽已结婚，但幸福却很短暂。婚宴后，新娘欧律狄刻与伴娘相偕在草地上散步，一条毒蛇咬了她，导致她丧了命。俄耳甫斯难忍悲恸，决定下探冥府，带回欧律狄刻。

为了心爱的人，他比任何男人都要来得勇敢，展开了可怕的冥府之旅。他弹起竖琴，无数的幽魂都为之陶醉，一片寂静无声，冥府守门犬也放松戒备。西叙福斯坐在石上聆听；伊克西翁的轮子停止转动；坦塔罗斯忘记饥渴；面目狰狞的复仇女神也首次流下了泪水。冥王哈迪斯与冥后走过来聆听，俄耳甫斯唱着对妻子的爱意，祈求冥王让欧律狄刻回到他身边。

俄耳甫斯的音乐充满魔力，没有人能拒绝他的要求。冥王双颊滑落泪水，让地狱应允了爱的所求。

他们召来欧律狄刻，将她交给俄耳甫斯，但是附有条件：回到凡间之前，他不得回头看身后的妻子。两人穿越幽黑长廊，通过层层关卡，不断向上攀爬，他心知爱妻一定紧紧跟随在后，他实在很想要回头看一眼。渐渐地，黑暗转为灰白，俄耳甫斯一走进阳光下，立刻回头看她，但转得太快，欧律狄刻人还在黑暗里，他看见幽微光线中的她，伸手想要抱住她，但她很快地再次坠入黑暗，仅能听见她微弱的声音说着："永别了！"

他不顾一切地急忙奔去，企图跟着她同去，但被挡住了。他还没死，众神不允许他再次进入冥界。俄耳甫斯只能孤单地重返阳间，陷入全然的孤寂。后来他选择流浪于色雷斯荒野，仅以竖琴为伴，不断地弹奏着，石头、树木、河流成为他仅有的伴侣。最后他遇见一群酒神的女信徒，她们与杀害彭透斯之人一样疯狂。她们杀死了这名温文尔雅的音乐家，将他撕得支离破碎，并把头颅丢进湍急的希布鲁斯河，让它漂过河口，流到列斯波斯岛海边。缪斯女神发现它时，那头颅并未遭到河水冲击而改变原貌，女神把他下葬于岛上一处圣地。她们还收集了他的四肢，放置于奥林匹斯山脚下，直到今日，那里的夜莺都唱得比其他地方还要动人。

俄耳甫斯引领妻子欧律狄刻走出冥府。

塞浦路斯有位天才雕刻家，名为皮格马利翁。他向来厌恶女人，厌恶她们生来的各种缺点。

他决定终身不婚，艺术对他而言已足够。然而他用尽一切才华雕塑而成的却是一具女人雕像。或许是他无法将厌恶的女人驱离内心，或许是他倾向于塑造一位完美女人，以突显其他男人所容忍的对象具有哪些缺点。

他费尽心力雕塑出了最精致的艺术作品。尽管雕像如此迷人，他还是不太满意，于是夜以继日地工作，希望通过他的巧手让作品日渐完美。故而没有一位真正的女人或是雕像能与之媲美。等到作品达到极尽完美之境，古怪的命运降临，他深陷爱河，热烈地爱上了他的雕像。

受他轻蔑的女性从此报了一箭之仇。皮格马利翁极度忧郁，他吻上她的双唇，抚摸着她的双手与脸颊，满心拥抱着，但她仍是冰冷、全无反应。他试着假装她是有生命的，帮她穿上华丽的袍子，从典雅到亮丽的颜色，一一试穿着。想象她很开心，他会带给她少女喜欢的礼物，如小鸟、鲜花、琥珀珠等，然后想象她热切地向他道谢。晚上便将她放在床上，帮她盖上柔软的棉被，像个小女孩对待她的洋娃娃似的。但他不是个孩子，无法欺骗自己，最后他放弃了，承认自己爱上了毫无生命的雕像，像个绝望的可怜人。

这样的单相思不能长久瞒过爱神，维纳斯对于这少见的情况颇感兴趣，这是新型恋爱，她决定帮助这位多情且具独创性的年轻人。

在塞浦路斯，维纳斯的节日会特别受到尊崇，因为从海浪出生不久的女神，首先就是被塞浦路斯人接纳的。人

3

皮格马利翁与伽拉忒亚

们将色白如雪的小母牛角上镀金，全部献给女神，从圣龛里散发出来的香气弥漫整座岛屿。圣殿挤满人潮，郁闷的男子带着礼物，祈祷情人回心转意，其中当然也包括了皮格马利翁。他大胆请求女神许他如愿觅得如雕像般的少女，但维纳斯知道他的真正心意，于是在他面前让圣龛里的火焰跳动三次，燃烧起来，作为应允象征。

回家途中，皮格马利翁心里同时想着好预兆与心上人，即出自其手的雕像。他看见她站在座上，散发着迷人光彩，他上前抚摸，吓得直往后退。这是错觉吗？他感觉有温度。他在她的唇上印上一记长吻，感觉她逐渐柔软，手臂与双肩也不再僵硬，宛如蜡像在日光下逐渐软化。他握起她的手腕，发现有了跳动的脉搏。想必是维纳斯帮的忙，皮格马利翁洋溢着说不出的喜悦与感激，他抱住情人，看见她注视着他的双眸并微笑着，双颊泛上红晕。

维纳斯亲临祝福他们的婚礼。皮格马利翁将少女命名为伽拉忒亚，其子帕福斯，日后维纳斯的圣城亦为同名。

达佛涅是独立、厌恶婚姻与爱情的年轻女猎人。据说她是阿波罗的初恋。她逃离他也不稀奇，被众神爱上的少女，下场不是秘密杀子就是自杀，所以最好的办法便是逃亡，但是许多女人都认为这比死亡更糟。

倾心于她的俊美男子都被她拒绝了，她的河神父亲珀纽斯曾劝她，还轻声数落女儿一番，哀叹道："难道我永远不能抱孙子？"但达佛涅抱着父亲，娇声哄着："亲爱的父亲，让我跟狄安娜一样吧。"他只好让步，达佛涅便奔向山林深处，开心地享受自由。

最后阿波罗看见她，这一眼，让一切都完了。那时她正在狩猎，裙长至膝，手臂赤裸，一头长发披散，却散发着迷人的美。阿波罗心想："若是她穿着合宜，头发梳理整齐，看起来不知道会是怎样？"这个念头让他炽热的心燃烧得更加猛烈，开始追逐她。达佛涅飞奔而逃，阿波罗一开始无法追上。然而他后来居上，边跑边将声音送至前方，恳求她，让她放心，说道："别怕，请停下来，我不是粗鲁低俗的乡下人或牧羊人，我是德尔菲神殿的主人，我爱你。"

但是达佛涅继续奔跑，甚至比之前更加害怕。若真的是阿波罗，事情就无望了，她决意挣扎到底。眼见就要追上，颈间可以察觉他的气息，而前方是一片树林，她看见父亲的河，便大声求救："救我，父亲，救我！"说完她便全身瘫软，双脚宛如长进地里，全身裹上树皮，树叶开始抽长出来，瞬间化身为一株月桂树。

阿波罗亲眼看见这个转变，不免失落心伤，叹道："噢，最美丽的少女，我追不上你，但至少你能当我的圣木，我将以你的树叶编织成冠，作为赢家顶上殊荣，每个传唱诗歌故事之地，阿波罗与月桂将永远相伴。"

月桂树长着一身美丽的树叶，似乎点点头，表示欣然同意。

达佛涅与阿波罗

冒险
与奇遇

1
寻找金羊毛

寻找金羊毛的故事起因于玻俄提亚国王阿塔玛斯，喜新厌旧的他先是离弃妻子，复又迎娶伊诺公主。前妻涅佩拉担心她的两名孩子，特别是儿子佛里克索斯，怕他被后母伊诺杀害，好让伊诺的儿子继承王位。结果证明她的担心是对的。新任王后伊诺出身于大家庭，其父为底比斯国王卡德摩斯，母亲与三位姐姐一生清白，但她不同，她决定取男孩性命，遂拟定详细计划进行谋杀。她在人们播种前，就先取得所有的种子，并加以烘干，所以这一年全国的庄稼根本没有任何收成。国王派人去请教神谕，望神指示如何应付恐怖的灾难。伊诺事先说服使者，更为贴切的说法是她贿赂了使者，使他编造神谕指示，说解决歉收的方法就是献祭一名年轻王子。

人们受到饥荒威胁，强迫国王执行神谕。男孩被带至祭台时，一只金色绵羊突然出现，驮起他和姐姐腾空离去。原来，这是赫尔墨斯响应男孩母亲的祈祷，派了金色绵羊前来搭救。

他们横跨欧亚海峡时，女孩赫勒不慎坠海身亡，后来便以其名为海峡命名为赫勒斯滂海峡。男孩平安落地后，到达不友善海（即黑海，当时尚未变得友善）邻近的科尔喀斯国。生来凶猛的科尔喀斯人却对佛里克索斯异常温和，其国王埃厄忒斯让他娶公主为妻。佛里克索斯将金羊献祭给宙斯，感念他的救命之恩，金羊毛则送给国王埃厄忒斯。

　　阿塔玛斯的兄弟埃宋是伊俄尔科斯的国王，却被自己同父异母的兄弟珀利阿斯篡位。而埃宋的儿子伊阿宋当时还小，被秘密送至安全之地，长大成人后，身为合法王位继承者的他，勇敢返乡向珀利阿斯讨回王位。

　　珀利阿斯从神谕得知他将死于亲人之手，要小心只穿一只凉鞋的人。过了一段时间，这样的人出现了。那个人有出色的身形，穿着合身讲究的服饰，有着一头不加修剪的鬈发，披着豹皮，使人眼前为之一亮，唯独赤着一只脚。他

寻找金羊毛

径直进城，无惧地走入人山人海的市场。

没有人认识他，人人都对他感到好奇。珀利阿斯听了消息，火速赶来。他看见令他畏惧的单只凉鞋，却若无其事问道："你的故乡在哪里？请告诉我实情。"对方以温和嗓音回答："我已回到家乡，准备取回昔日家族荣耀。宙斯把这片国土赐予我父亲，却被篡夺。我是你的侄子伊阿宋，你我必须依照正义法则来面对问题，不必诉诸刀械。你可保留牲畜田产，但王位应该还我，如此便能和平收场。"

珀利阿斯一派轻松地回答："理当如此，但是我必须先完成一件事，已逝的佛里克索斯要求我们带回金羊毛，如此他便能魂归故里。但我年迈体衰，而你正值少壮，你若依照请求前往科尔喀斯取回金羊毛，我便在宙斯见证下放弃王国，奉还权位。"他嘴上这样说，心里却认定无人可以完成这件事。

伊阿宋欣然接受冒险的主意，四处宣布这将是次真正的远航。一些希腊青年亦欣然接受这项挑战，纷纷前来加入他的队伍，包括大英雄赫拉克勒斯、一流音乐家俄耳甫斯、卡斯托尔与波吕克斯兄弟、阿喀琉斯之父佩琉斯等。这是因为他们背后有天后赫拉的推动。赫拉在他们心中燃起一股渴望，使他们不想继续躲在母亲背后过着无风无浪的生活，即使付出死亡的代价，也要与战友共享英勇的探险旅程。他们乘着阿尔戈号出航，伊阿宋将金杯里的酒倒入海中，祈请宙斯以闪电祝福这次远航。

大灾难正在前方等待他们，许多人英勇牺牲。他们初次停泊在古怪的利姆诺斯岛，那里只有女人居住，她们曾经起而反抗男人，将男人全数杀得精光。只留下年迈的国王，他的女儿许普西皮勒身为领袖，饶恕父亲不死，将他装进空柜漂洋过海，老国王最后安全着陆。这些凶恶的女人却欢迎阿尔戈号的到来，甚至在阿尔戈号出航前以美酒佳肴与华服相赠。

阿尔戈号离开利姆诺斯岛后，很快发现赫拉克勒斯不见了。原来是赫拉克勒斯的随从许拉斯不见了。许拉斯去取泉水时，被水泽仙女看见，她们喜爱他的俊脸，就将他拉下至泉水深处，从此不见人影。赫拉克勒斯疯狂地四处寻人，叫着他的名字，冲进森林深处。他忘记了金羊毛、阿尔戈号、伙伴，只记着许拉斯。最后他没有回来，于是大伙不再等候，开船离去。

接着他们遇见鸟身女妖哈耳庇厄，这些吓人的怪物长有尖喙与利爪，总在所过之处留下恶臭，让所有生物作呕。阿尔戈号停靠的地方，住着一位孤苦老人，阿波罗曾赋予他预言能力，但这项能力却得罪了向来喜欢秘密行事的宙斯。因为宙斯要隐瞒行踪，好方便做他要做的事情——所有明白天后赫拉的人也不难理解宙斯为什么要这样神神秘秘。总之，老人由于泄露宙斯的秘密而受到严惩。每当老人想取用晚餐时，被喻为"宙斯猎犬"的哈耳庇厄便俯冲下来污染食物，把食物弄得污浊不堪，使人无法忍受。阿尔戈号的勇士们看到这位名为菲纽斯的老人时，他的模样像是行尸走肉般，瘦弱颤抖，以干枯的手脚爬行。老人欢迎他们前来，并乞求帮助。他由自己的预言能力知道，有两个人将帮助他抵御哈耳庇厄，这两人便在阿尔戈号上，是北风之子。所有人都怜悯他的遭遇，那两兄弟承诺会帮助他。

其他人送食物给老人时，两人便持剑在旁。食物还没来得及吃下，可恶的怪物便从天而降抢食，还留下难以忍受的气味。北风之子上前抓住怪物，准备杀死。若非彩虹使者伊里斯前来阻止，哈耳庇厄早已被碎尸万段。伊里斯说道，不能杀死宙斯的猎犬。同时也让哈耳庇厄指着斯堤克斯河宣誓，保证菲纽斯不会再受她们侵扰。两兄弟知道指着斯堤克斯河发下的誓言是无法反悔的，于是两人欣喜地回去安慰老人，老人兴奋得跟大家庆祝了一整晚。

老人提供明智的建议，教导他们如何解决危难，特别是如何避开"撞石"辛普勒伽得斯——海面必经之路上两块巨大的岩石。他说当海水开始产生波涛，撞石就会不断互相撞击，想要从中间通过的船只可能会被夹击得粉碎。通过方法是先以鸽子做试验，若鸽子安然度过，那他们就有机会穿越，但若鸽子被夹击，他们就必须回头，放弃寻找金羊毛。

次日清晨，他们带着鸽子出发，海面很快地浮现撞石景象，看来无路可以穿越。他们放出鸽子观察，鸽子平安地飞了过去，只在撞石滚回时被夹落少许尾端羽毛。他们也迅速跟进，岩石分开时，桨手们使尽全力划桨，最后平安度过了。只在撞石再次对撞时，夹落了船尾尖端的装饰，惊险逃过此劫。自从他们安然通过后，撞石似乎不动了，再也没有任何水手在此遇难。

不远处是女战士的国度——阿玛宗（即亚马孙）。这群女战士的母亲是爱好和平的仙女，父亲是恐怖的战神阿瑞斯。她们并未追随母志，而是仿效父亲。英雄们原本乐于向她们宣战，但战事一起不免要流血，阿玛宗人也不是省油的灯。幸亏有风相助，船只便加速前行，这段路程上可以瞥见高加索山，普罗米修斯便在这山顶上受罪，甚至还能听见老鹰振翅作响。他们一路疾行，黄昏时抵达拥有金羊毛的国度科尔喀斯。

当晚，英雄们在科尔喀斯靠岸，面临未知的一切，除了勇气，无以为援。奥林匹斯众神正在开会协商他们的事。天后赫拉担心他们，便前去寻求阿佛洛狄特施以援手。爱神见赫拉来访而感到惊讶，她答应尽力而为。两人让丘比特设法使科尔喀斯公主美狄亚爱上伊阿宋。美狄亚擅长法术，若她能相助，就能拯救阿尔戈号。因此阿佛洛狄特告诉丘比特，若能奉命行事，会给他一只镶有黄金的深蓝色珐琅球当作奖励。丘比特兴冲冲抓起弓箭溜出奥林匹斯，穿越无尽虚空抵达科尔喀斯国。

此时英雄们入城向国王索讨金羊毛。一路上都很平安，因为赫拉以浓雾掩饰他们的行迹，等他们抵达王宫门前，浓雾便散去了。卫兵发现这一群年轻的陌生人，将他们礼让入宫，并向国王通报。

国王过来迎接，仆人则生火烧水、准备餐点。美狄亚瞥见访客，当她的目光落在伊阿宋身上时，丘比特迅速拔箭，射入她的心坎，一时间她心里燃起爱火，让她的脸色忽红忽白，又惊又羞地溜回房间。

待英雄们沐浴用餐完毕，国王埃厄忒斯才问起他们的身份与来意，因为未款待宾客便擅自探问是不礼貌的行为。伊阿宋答道，他们是众神的后代，从希腊而来，愿能满足国王所有要求，只求国王赐给他们金羊毛。

听到这说法，国王埃厄忒斯满腔怒火。他与希腊人一样不爱外地人，恨不得将他们驱逐出境，心想："若非这些人曾受我宴请，我会杀了他们。"他默默地思考着，想出了办法。

埃厄忒斯告诉伊阿宋，他对勇士们没有意见，但金羊毛不能白送给他们，除非他们能证明自己是真勇士。埃厄忒斯说道："以我所做过的事作为你们的试炼吧。"这表示他们必须给两头长着铜足且会喷火的公牛系上牛轭，并且驱使它们犁田，再把龙牙如同播种般地丢进犁沟。这种龙牙种下去就会长出一群

美狄亚暗中帮助伊阿宋。

武士，此时必须"收割"，砍下这群武士的脑袋。埃厄忒斯又道："这些我都做过，我可不把金羊毛送给勇气不如我的人。"伊阿宋坐着沉默了好一会儿，最后他答道："我愿接受这场试炼，即使这可能使我送命。"于是他起身率领同伴回船过夜。此时，美狄亚的心中都是伊阿宋的身影，她因为父亲的阴谋，非常担心伊阿宋的安危。

众英雄返回船上共商大计，人们纷纷请求伊阿宋让他们上场，但伊阿宋不答应。就在此时，国王埃厄忒斯的孙子来到，他曾被伊阿宋救过一命，所以来告诉他们通过考验的方法：美狄亚怀有法力，无所不能，若能得到她的帮助，伊阿宋便能征服公牛与龙牙武士。如今看来这是唯一的希望，于是英雄们就催促国王的孙子去说服美狄亚，殊不知爱神早已悄悄下手。

美狄亚独自在房内伤心，责怪自己竟然想为了爱情不惜背叛父亲。"不如死掉好了。"她说道，于是她拿起一箱致命的药草，但忍不住想起世上各种的美好，索性抛开药箱，不再犹豫，决意帮助心上人。她有盒神奇药膏，凡人抹上便能安全地度过一天。制作药膏的药草，来自普罗米修斯落地之血所绽生的药草。她拿着药膏前去寻找伊阿宋曾经相救的侄子，两人刚好要找对方，并有相同的心意。她同意帮忙，并请侄子上船告诉伊阿宋，赶快前来会面。伊阿宋一接获消息便动身前来。赫拉让他浑身散发迷人光彩，见到他的人无不惊叹。当他抵达美狄亚身旁，她的心似乎就要跳出，一团黑雾遮蔽了她的双眸，令她无力动弹。两人无言相望，爱的微风吹动了彼此。

他先开口示爱：她生得如此美丽动人，想来必定待人温婉有礼，所以他才抱着希望前来。美狄亚不知该说些什么，最后默默地拿药膏给他。两人羞得凝视地面，不时相视而笑，脸上洋溢着爱意。

最后美狄亚告诉他使用药膏的方法，把药膏涂上武器便能无往而不利，药效为一天。若是龙牙武士过多，就在他们中间丢下一块石头，他们将互相残杀至死。她说道："我必须回去了，你若安全归来时，请记得美狄亚，而我也将永远记得你。"他热情回应："我会日夜思念你，若你愿意到希腊，会因所做的一切受人爱戴，我们的爱至死不渝。"

两人分开后，她返回王宫，为背叛父亲而落泪。伊阿宋则返回船上，派遣两名同伴去取龙牙，同时也试验药膏。药膏果然产生奇异无敌的威力，众英雄大喜。然而当他们抵达国王埃厄忒斯与科尔喀斯人民等待之地，嘴里吐出火焰的公牛冲出牛棚，让他们惊慌不已。幸好伊阿宋勇敢抵抗可怕的怪兽，犹如海中巨石抵抗着浪潮来袭。他接连将公牛压倒跪地，迅速给它们上轭，大伙赞叹他的本领高强。他稳稳地驱使公牛犁田耕种，将龙牙撒进犁沟，犁田完毕，谷物已生长出来，化为武士攻击他们。伊阿宋想起美狄亚的话，丢了一块石头在武士们中间，这些武士便开始互相攻击，直到都倒卧不起。伊阿宋胜利了，国王埃厄忒斯心里极为不满。

埃厄忒斯回去后，计划对付众英雄，誓言不让他们得到金羊毛。但是赫拉暗中相助：让为情所困的美狄亚决意与伊阿宋私奔。那晚，美狄亚偷溜出来，跑到船只停泊处，众英雄正为好运庆幸，没想到危机已慢慢接近。她跪地请求众英雄带她一同离开，还说他们必须取得金羊毛，并尽快逃离，否则将被杀害。有条可怕巨蛇守护着金羊毛，但她会催眠巨蛇，不让它伤人。伊阿宋雀跃地轻搂着她，承诺回到希腊便娶她为妻。大家接她上船，依照指示前往取得金羊毛，巨蛇很吓人，但美狄亚大胆上前唱起悦耳魔音引蛇入睡，伊阿宋敏捷地取下挂在树梢的金羊毛。他们回到船边已是清晨破晓时分，最强壮的人负责划桨，使尽全力顺流出海。

这时，国王知道了一切，派儿子阿布绪尔托斯追捕。阿布绪尔托斯率领着一支庞大军队，相较之下，这一小群英雄似乎无力与之抗衡。这回美狄亚以可怕的手法拯救了他们——她杀了亲兄弟。传说她给兄弟捎去渴望回家的消息，说是会带来金羊毛，相约见面。阿布绪尔托斯不疑有诈，依约前往，埋伏在旁的伊阿宋便将他刺杀身亡，而美狄亚闪躲不及，手足之血洒染银袍。阿布绪尔托斯死了，他的军队也随即溃散，英雄们得以安然出海。

另有一说法，则指出阿布绪尔托斯随美狄亚登船，国王对他们展开追捕，即将追上之际，美狄亚刺死兄弟，将其尸体肢解丢入海中，国王停下拾起残骸，阿尔戈号因此逃离。

至此，阿尔戈号的历险已接近尾声。另一个可怕试炼是从女妖斯库拉附近的卡律布狄斯大漩涡通过，此处的海浪终年波涛汹涌，狂啸卷起的海浪几达天际。但是赫拉早已知会海仙子要在附近给予指引，使阿尔戈号能安全航行。

下一站克里特岛，原本想登陆的他们，因美狄亚的建议而作罢。她告诉他们那里住着古青铜民族后裔塔洛斯，全身以青铜铸成，唯独脚踝例外。她还没说完的时候，塔洛斯便现身了，模样狰狞，警告他们，再靠近一步就要用石头砸毁船身。他们停止划船，美狄亚跪地祈祷地狱守门犬前来摧毁青铜人。邪恶力量听到她的召唤，在青铜人举起岩石向阿尔戈号掷去时，咬住了青铜人脚踝。青铜人涌出鲜血，最后倒卧血泊而死。英雄们终于得以上岸稍事补给，以

伊阿宋与看守金羊毛的恶龙

便继续航行。

抵达希腊后，英雄们各自返家，伊阿宋与美狄亚将金羊毛交给珀利阿斯。但他们发现一件事，珀利阿斯逼迫伊阿宋的父亲自杀，而伊阿宋的母亲因哀伤过度也已去世了。伊阿宋为了报仇，求助于美狄亚。最终珀利阿斯是死于诡计的。美狄亚告诉珀利阿斯的女儿们，她有返老还童的秘诀。为了证明，她在人前杀了一只老羊，将羊肉切块丢入沸水，然后施了法术，随后水里出现了一只小羊，蹦跳着离去。女孩们全都信以为真。美狄亚让珀利阿斯服下强效安眠药，召集他的女儿们将他碎尸万段。女孩们希望父亲变得年轻，却难以下手，犹豫很久还是照做了。她们将尸块全部放入沸水，等待美狄亚念咒语，好让父亲复活及重拾青春，但美狄亚已从宫里消失。女孩们这才惊恐自己犯下了滔天大罪。伊阿宋的复仇目的达到了。

美狄亚所做的一切，不管好坏，全是为了伊阿宋，但最后他竟以背叛作为对她的回报。

珀利阿斯死后，美狄亚与伊阿宋来到科林斯，他们的两个儿子一一出世，一切看来很美好。美狄亚因为深爱伊阿宋，以至于失去亲人与国家也不觉得怎样。后来伊阿宋显露出了骨子里的卑劣，表面风光的英雄竟是如此不堪。他竟然想娶科林斯国王的女儿，他充满野心，从未念及爱情与感恩。伊阿宋的背叛让美狄亚感到痛苦，她不留神地说出会伤害科林斯国王的女儿。科林斯国王要求美狄亚与儿子们立刻离国。这等于判了美狄亚死刑，带着两名幼儿流亡的妇女无力保护自己与孩子。

她想起自己的委屈和不幸，恨不得一死了之。她想起父亲与家乡而落泪，还因为无法洗清的弑亲血罪而战栗，意识到自己的牺牲竟换得一身罪孽和惨痛。她坐在那里时，伊阿宋来到她眼前，她望着他不发一语。他打破沉默冷冷说着，若非她愚蠢地说出那些话，或许还能留在科林斯。不管怎样，他对她已仁至义尽，费尽心力才让她被判流亡，而非死刑。他现在来探视她是因为他并非是个背信忘恩之人，而且会送给她大量黄金与旅途必需品。

这实在太过分了。美狄亚满腹委屈地说："我丢下了父亲和家，就是为了跟你一起，一路上还帮助你。为了你，得罪所有的人，但现在我竟然遭到流放。"

伊阿宋回答说拯救他的不是她，而是爱神阿佛洛狄特让她爱上了他，他带她来到希腊这个文明国度，她就应该感激他。况且他对外宣布她救过阿尔戈号，使美狄亚受人赞许，也算是还了人情。若是她有一点常识，应为他新的婚姻感到高兴，因为这个联姻也会给她带来好处。现在美狄亚遭到流放，根本是因为她的愚蠢。

聪慧的美狄亚不愿多费唇舌解释，只是拒收他送来的黄金。她不愿受他帮助。伊阿宋气得转身离去了。

美狄亚决定杀死新娘报仇，之后该如何？她还没想到，"等她死了再说吧"。她取来一袭迷人的礼袍，涂上致命毒药，放进盒里，再让两名儿子送给新娘，告诉儿子请新娘务必立即试穿，代表接受了她的礼物。公主亲切地收下礼物，欣然穿上，但随即被火焰吞噬，尸骨化为乌有。

美狄亚知道事情办妥，想到另一件可怕的事情。她想到自己离去之后孩子们无依无靠，日后可能会当奴隶。"我绝不让他们受陌生人虐待，我给他们生命，也要给他们死亡。"她想。

伊阿宋得知美狄亚杀死新娘，满腔愤怒前来，决定杀了她，却发现两名儿子已经被她杀死了。美狄亚站在屋顶上，跨入飞龙拉着的座车，从他的视线里消失。他为了这桩惨剧而诅咒她，自己却从未感到过内疚。

2
法厄同

太阳神赫利俄斯的宫殿光芒万丈，黄金、象牙、珠宝使得无处不生辉，那里总是像正午时分，没有一丝阴影遮住光亮，不知黑暗与夜晚滋味。一般凡人无法抵挡这灼光，只有少数人去过那里。

某日，一名凡人少年大胆走近，勉强走到宫殿，穿过一道光亮大门后，看到太阳神坐在那儿，四周散发着炽烈光芒。少年终于停下，再也无法忍受这样强烈的光亮。

凡事逃不过太阳神的双眼，他很快地便发现了少年，打量他并温和地问道："你是为了什么而来？"少年勇敢答道："我来这里是为了查明你是不是我的父亲，母亲说是，但同学笑话我，不相信我的话，母亲认为我最好直接问你。"太阳神微笑着从头上摘下散发强光的王冠，好让少年不再感到刺眼，说道："到这里来。法厄同，你是我的儿子，你母亲克吕墨涅告诉你的是实情，你不会连我所说的也怀疑吧？我会给你证据，你有什么要求，我都能满足，我指着斯堤克斯河来见证我的承诺。"

法厄同过去每当见到太阳神驾临天空时，都会自豪地告诉自己："我的父亲在上头。"然后想象自己驾着车在天空驰骋，将光芒散布全世界的滋味。如今父亲的承诺，可能就是实现这个梦想的机会。他立即吵着："父亲，我唯一的要求是让我驾驭你的马车，一天就好。"

太阳神觉得自己刚刚很愚蠢，为什么立下重誓，让自己不得不答应草率少年的狂想？"亲爱的儿子，只有这件事我不能答应你，身为凡人不能驾驭我的马车，除了我之外，其他的神也不能驾驭这驾马车，便是天帝也不能。我知道不能违背斯堤克斯河旁立下的誓言。若你一意孤行，我只能让步。"

太阳神又继续说道："天上并非都是美丽的事物。你会遇见野兽，牛、狮子、天蝎、巨蟹等，他们都会设法伤害你，听劝吧！"

但这番金玉良言对少年起不了作用，眼前的壮丽愿景似乎让他看见自己骄傲地站在马车上，驾驭着连朱庇特都无法驾驭的骏马，全然无视了父亲叮咛的危险。太阳神也只好让步，不再劝他。法厄同神气地上车出发。穿越天际让他初尝喜悦，马匹飞快穿越邻近海面的低空云层，然后不断攀升至高耸的天国，速度快得让东风远远落后，法厄同一度狂喜得自以为是天空主宰。但形势瞬间起了变化，马车前后疯狂摇摆，他失去控制能力。马匹脱离跑道，上下左右任意奔走，几乎撞上天蝎星座，又险些撞上巨蟹星座，这时法厄同吓得松开了缰绳。

如此一来马匹更是肆无忌惮地直上云霄，然后俯冲下来，惹得世间四处着火。高大的山脉开始燃烧了，例如赫利孔山、帕那索斯山、奥林匹斯山以及缪斯女神居住的伊达山等。火舌从山顶窜入深山峡谷，泉水变成蒸汽，河流干涸，据说当时唯有尼罗河惊慌逃开，一头扎进沙漠而得以避开这场灾难。

大地之母再也承受不住，大叫一声直达天听，众神从奥林匹斯山往下望，知道必须尽快拯救大地。天帝朱庇特抓起雷霆，痛惩这令人懊悔不已的驭手。这一击，便使法厄同丧了命，马车支离破碎，疯狂的马匹冲坠大海。

法厄同浑身着火掉向大地，神秘河流埃利达努斯接下他，帮他灭火冷却，水泽仙女们哀悯他英年早逝，埋葬了他，并为他题上碑文。

太阳神和克吕墨涅的女儿们，即那伊阿得斯姐妹，前往坟前哀悼他，她们悲伤得恸哭了很久，最后化为埃利达努斯河畔的白杨树。

3

珀伽索斯与柏勒洛丰

科林斯国王格劳科斯为西叙福斯之子。西叙福斯当年因为泄漏宙斯的秘密，因而被罚永远做着推石头上山的工作，没想到儿子格劳科斯也得罪上天，招来惩罚。格劳科斯是个了不起的骑士，为了让战马凶猛无比，竟用人肉喂养马匹。如此残暴行为激怒众神，便以其人之道还治其人之身，使他由马车摔落，被马撕裂吞噬。

城里一名勇敢俊美的少年名为柏勒洛丰，一般认为他是格劳科斯的儿子。另一传言则说柏勒洛丰有位更具威望的父亲，即海神波塞冬。由于少年禀赋过人，使得这个身世之说较为可信。他的母亲欧律墨得虽是凡人，但曾受教于雅典娜，其机智与智慧可与众神匹敌。凡此种种看来，柏勒洛丰似乎更像神而不似凡人。

柏勒洛丰想要拥有珀伽索斯，那是一匹飞马，当年珀尔修斯杀死蛇发女妖时，鲜血便化出珀伽索斯。

缪斯女神居住的赫利孔山上，有一处名为希波克里涅的泉水，为诗人的灵感之源，相传是飞马当年蹄踩大地时涌出。谁能抓到并驯服这匹马呢？柏勒洛丰无限渴求着实现这个愿望。

先知听见他的渴求，建议他前往雅典娜神殿投宿，因为神常托梦指引人们，于是柏勒洛丰前往神殿。当他沉睡于神龛一旁时，他看见女神手中握着看似以黄金制成的某种东西站在他的面前。女神说道："睡着了吗？别睡了，醒醒，这里有件东西可以迷惑你所渴望的骏马。"他一跃而起，女神消失了，但地上有一个他从未见过的黄金马衔。他充满希望地拿起宝物，急忙前往田野寻找飞马，一眼望见它正饮用泉水，于是慢慢靠近。飞马见了他，神色泰然，既不惊讶也不恐惧，最后温驯地让他系上马辔。雅典娜的魔法奏效了，柏勒洛丰成为神驹的主人。

全副武装的他跃上马背全速前行，马儿似乎也与他同样热衷于驰骋。如今的他俨然是空中主宰，随心所欲地飞奔，羡煞所有人。珀伽索斯不仅讨喜，更能及时相助，因为柏勒洛丰眼前即将面临艰难考验。

我们不知道他如何杀了亲哥哥，只知道纯属意外，后来他前往梯林斯国，请求国王普罗托斯为他净化血罪。他在那里展开考验，并创下英雄事迹。王后安忒亚爱上他，但他不领情，于是王后恼羞成怒向夫君指控客人侮辱她，必须受死。但柏勒洛丰与普罗托斯一起用餐，普罗托斯不能对客人动粗，所以他设计了一个计划。他请少年捎信到小亚细亚，将信交给吕基亚国王，柏勒洛丰欣然同意。长途跋涉对他和珀伽索斯并不算什么。吕基亚国王盛宴款待他，直到九天后，才要求一看来信，没想到信中内容竟是要他取柏勒洛丰的性命。

吕基亚国王不愿照办，理由与普罗托斯相同：宙斯向来对那些破坏宾主情谊的人怀有敌意。但若拜托客人前去冒险而送命，就不算逾矩。于是他请求柏勒洛丰前去杀了蛇身女妖喀迈拉，认定他再也不能平安归来。女妖长相奇特：狮面、蛇尾、羊身，是个可怕的喷火怪物。但是柏勒洛丰骑着飞马，不需接近喷火怪物，他凌空射箭就杀了怪物。

他回去向吕基亚国王复命，国王只好另想出一个办法。他要柏勒洛丰去征服索吕默战士。柏勒洛丰顺利完成任务，又出师攻打阿玛宗女人国。最后吕基亚国王被他的勇气与好运折服，与他成为朋友，并将女儿嫁给他。

　　柏勒洛丰在此过了一段幸福快乐的日子，后来却激怒众神。这是因为他的强烈野心随着每次征战胜利让他心里有了"人类不应有的想法"，使得众神大为反感。他试图骑着飞马上达奥林匹斯，相信自己能够取得永生，但飞马比较机智，不愿随同前行，于是丢下他的主人。柏勒洛丰此后触怒众神而独自流浪，离群索居，直到死去。

　　珀伽索斯最后在奥林匹斯的天马厩落脚，那里饲养着宙斯的所有神驹，珀伽索斯在所有天马中最出色，每当宙斯意欲使用雷电时，便是珀伽索斯为他带来雷电。

4
代达罗斯

代达罗斯是位建筑师，曾为克里特的国王米诺斯设计迷宫，用来囚禁人身牛头怪兽米诺陶洛斯。他告诉克里特公主阿里阿德涅走出迷宫的方法，前来杀牛头怪的雅典人忒修斯因此在阿里阿德涅的帮助下走出迷宫。国王米诺斯知道雅典人已经找到出路，就认定是代达罗斯帮助了他们，因此将代达罗斯与其子伊卡洛斯囚禁在迷宫，如果没有导引之物，就连原创者也无法找到出路。但是代达罗斯并不灰心，他告诉儿子：逃生或许受制于水陆，但不限于天空。

他做了两对翅膀，给自己和儿子装上翅膀，准备飞行。代达罗斯警告伊卡洛斯必须在海面上不高不低的高度飞行，若飞得太低，海水会打湿羽毛；若飞得太高，阳光会晒化粘翅膀用的蜡，使人从天上坠落。然而故事总是如此，年轻人听不进长辈的劝告。两人轻盈地飞离克里特岛后，年轻人难掩兴奋，不断地向上飞，也不理会父亲的怒斥，于是翅膀脱落，人摔进海里，被海水淹没。哀痛的父亲安全飞到西西里岛，受到当地国王友善的款待。

米诺斯接获代达罗斯逃亡的消息非常生气，决心找到他，于是设下奸计，大肆宣布：谁要是能将线穿过复杂的螺旋状贝壳，必有重赏。代达罗斯告诉西西里国王，他能办到，只要将线绑在小蚂蚁身上，引它入洞，然后封上入口，最后小蚂蚁就会由另一个洞口走出，如此便能把线精准地穿过每一个曲折处。"只有代达罗斯能够想出这个方法。"米诺斯说道，便前往西西里岛捉拿他，但是西西里国王拒绝把人交出，双方争斗之下，米诺斯被杀身亡。

PART

4

ANCIENT

神话中的
英雄人物

珀尔修斯

　　阿尔戈斯国王阿克里西俄斯的独生女，名为达那厄。达那厄艳冠群芳，但膝下无子让国王感到遗憾。他前往德尔菲神殿问神，想知道将来是否有儿子可以继承他的王位，然而女祭司告诉他，他注定命中无子，更糟的是，他将来会死在外孙的手上。

　　要躲避此祸，唯一的办法是立刻杀了达那厄。但阿克里西俄斯没这么做，倒不是因为他有强烈的父爱，而是害怕众神惩罚，那些杀血亲的人总是会遭到严惩。阿克里西俄斯不敢杀害女儿，于是建造了一座沉入地底的铜屋，部分屋顶露出地面，使得阳光与空气得以流通，将女儿囚禁于此。

　　达那厄长期待在铜屋里，无事可做，只能看看天上飘动的云彩。某日奇迹发生了，一阵金雨从天洒落屋内，这金雨是宙斯所化。不久后她生了宙斯的儿子。她秘密地隐瞒孩子的诞生，不敢让父亲知道，但是纸包不住火，阿克里西俄斯发现了那个名叫珀尔修斯的男孩。他震怒说道："你的孩子！孩子的父亲是谁？"达那厄骄傲地回答：

可怕狰狞的美杜莎

"是宙斯。"他不信，但能肯定的是这个孩子将对他的生命造成威胁。他不敢杀人灭口，想用别的方式置他们于死地。他命人做了一只箱子，将女儿与外孙放进去，扔入海里，任其漂流。

达那厄与儿子坐在那奇异的"船"里，天色逐渐变得暗淡，他们在海上漂荡着。她什么也看不见，只感觉到大浪将奇异箱船推起，最后落在平稳的地方。达那厄知道上岸了，却无法出来。

或许是命运安排，又或是宙斯安排。一位善心的渔夫狄克堤斯发现了他们。他走近木箱，撬开箱子将母子俩带回家。夫妻两人膝下无子，所以将达那厄母子视如己出，一起生活多年。达那厄有意让儿子继承渔夫的志业，以免于灾祸，但最终麻烦还是来了。岛上的国王波吕得克忒斯，亦是狄克堤斯的兄弟，生性残暴无情。从前他并未注意到母子俩，后来达那厄吸引了他的目光。即使珀尔修斯已长大，她仍然明艳动人，波吕得克忒斯爱上了她，却不想要珀尔修斯这个拖油瓶，于是设计想要摆脱珀尔修斯。

三名吓人的蛇发女妖住在遥远的西方，致命魔力远近知名，凡是看到她们脸的人，都会变成石头。波吕得克忒斯有意设计杀害珀尔修斯，便想到利用她们。他宣布即将成婚的消息，邀请朋友都来参加典礼，包括珀尔修斯在内。届时每位宾客都要依例送礼给新娘，但珀尔修斯无礼可送。年轻气盛的珀尔修斯为此感到万分羞辱，便在大家面前宣布，将送给国王世上第一流的礼物——他将砍下蛇发女妖美杜莎的头当作新婚礼物。如此一来正中国王下怀。

不过珀尔修斯很幸运，因为有两名神祇会照顾他，让他幸免于危难。离开土宫后，他便乘船出航，不敢让母亲知道他的意图。他直接航行至希腊，打听三名女妖的住处。他前往德尔菲神庙，女祭司指引他去寻找人们只吃橡实的地方，就这样，他去了多多纳神庙，那里有一座橡树园，橡树们负责传达宙斯的旨意。它们只说珀尔修斯受到众神护佑，并没多说什么，也不知女妖们身处何方。

后来珀尔修斯在流浪途中遇见一位古怪而俊美的陌生人，这个人手拿双蛇盘绕的金杖，戴着羽翼飞帽，脚穿羽翼凉鞋，看来不同凡响。珀尔修斯一见到他，便知道他是赐福与向导之神赫尔墨斯。

　　赫尔墨斯告诉他，出战美杜莎之前，必须有完整的装备，那些装备是北方仙子的宝物。若要找到仙子住处，就要先找到格赖埃三姐妹，她们知道仙子住在哪里。这三个女妖住在遥远的幽微之境，阳光与月光从不照射那里，她们全身灰蒙蒙，似乎老迈凋零，三个人只有一只眼，轮流交换使用。

　　赫尔墨斯将一切告诉珀尔修斯，并展开他的计划。他引领珀尔修斯前往格赖埃三姐妹的住处，到了之后先躲起来，等其中一个女妖取下眼睛、将其交给另一人的瞬间，赶紧夺下眼睛，此时三姐妹皆失去视力，他就能逼迫她们说出找到北方仙子的方法。

珀尔修斯用美杜莎的头阻击敌人。

　　赫尔墨斯答应送给珀尔修斯一口宝剑，用以攻击美杜莎，无论她的鳞片多么坚硬，宝剑都不会弯曲或断毁。这是个绝妙的礼物，但剑客又如何得以接近怪物而不化为石头？身旁的雅典娜取下胸前闪亮的青铜盾牌交给他，说道："当你攻击美杜莎时，从盾牌里看她，盾牌宛如镜子，足以让你避免她的魔力。"

　　珀尔修斯满怀希望，前往幽微之境的路途漫长，但有赫尔墨斯作为向导，不怕迷路。最后终于见到幽微光中的格赖埃三姐妹，她们状似灰鸟，人头鹅身，羽翼之下尚有手脚。珀尔修斯依照赫尔墨斯的指示，趁着三人传递唯一的眼睛时抢下了那只眼睛，三姐妹都失去了视力，以为眼睛在另外两人手里，珀尔修斯这才坦承是他做的好事，只要她们说出找到北方仙子的方法，便将眼睛奉还。为了取

珀尔修斯与安德洛美达

回眼睛，她们立刻详细指示，珀尔修斯依约还眼后，便照着指示启程，寻找北方仙子，原来是在北风后方的福地——希柏里尔国。传说中，无论海陆都无法找到通往希柏里尔国的道路，但有赫尔墨斯相伴，他一路畅通，顺利抵达。这里的人设宴款待并迎珀尔修斯入席，歌舞暂歇时，帮他取来心中的宝物，一共有三件：羽翼凉鞋、伸缩自如的魔法袋、隐身魔法帽。有了这些宝物，加上雅典娜的盾牌，珀尔修斯准备力抗美杜莎，于是和赫尔墨斯返回女妖居住的岛屿。

珀尔修斯抵达时，女妖们正在睡觉。透过盾牌可以看到，女妖身长羽翼，全身覆以金色鳞片，扭动的蛇群为发。雅典娜与赫尔墨斯告诉他，只有美杜莎可以杀死，另外两名女妖都是不死之身。珀尔修斯穿上羽翼凉鞋盘旋在天上，眼里注视盾牌，瞄准其中的美杜莎，用剑刺进她的喉咙，在雅典娜指导之下，挥剑砍断女妖颈项，顺势取下头颅，放进伸缩魔法袋里。现在不必再害怕了，另外两名女妖醒来惊见姐妹被杀，试图追捕杀人犯，珀尔修斯戴上隐身帽隐形，让女妖苦寻不着。

回程途经埃塞俄比亚，此时赫尔墨斯已经离开。珀尔修斯发现一名可爱少女将要被献祭给海怪，后来的赫拉克勒斯也会经历类似的事件。少女名叫安德洛美达，有个愚蠢的母亲。

原来安德洛美达的母亲，也就是埃塞俄比亚王后卡西奥佩娅，她自认美貌胜于海神涅柔斯之女，那时宣称某方面优越于神者，必将遭到厄运，然而人们常犯此大忌。这回神并未降罪于傲慢的卡西奥佩娅，反而惩罚她的女儿安德洛美达。当时许多埃塞俄比亚人命丧海怪之口，神谕指示，唯有献祭安德洛美达，才能消除灾难，国民迫使其父刻甫斯交出女儿。珀尔修斯看见被铁链拴在海边岩架上等待海怪前来吞噬的少女，对她一见钟情。他与少女一同等待海怪现身，后来如同对抗美杜莎一般砍下海怪的头，将无头尸身弃置大海，带着安德洛美达与其双亲见面，并请求他们将女儿嫁给了他。

他偕同妻子返家寻母，却不见人影。原来狄克堤斯的妻子已去世多年，据说达那厄拒婚而惹怒波吕得克忒斯，狄克堤斯便带着她躲进神殿。珀尔修斯同时听说国王正在王宫宴客，所有拥护者也在那里。珀尔修斯便直驱王宫大殿，身怀雅典娜的闪亮盾牌与银色魔法袋伫立于门口，立即吸引众人的目光。他们在来不及转移视线前，便因看见蛇发女妖的头颅而瞬间变成石头，犹如一排排石雕，脸上是初见珀尔修斯时的神情。

岛上居民知道暴君已死，自然寻回达那厄与狄克堤斯。珀尔修斯让狄克堤斯成为岛上国王，自己打算带领母亲与妻子返回希腊，试着与阿克里西俄斯重修旧好，看看他是否已心软，愿意接纳亲人。他们抵达阿尔戈斯后，发现阿克里西俄斯早已遭到驱逐，没有人愿意提起此事。不久之后，他获悉北方的拉里萨国王举行运动大会，于是赶去参加，轮到他掷铁饼时，却失手掷偏砸落观众席，而前去拜访国王的阿克里西俄斯当场被砸身亡。

阿波罗神谕应验了。倘若珀尔修斯为此感到难过，他只要想到外祖父曾经处心积虑要置他们于死地，或许可以稍稍释怀。珀尔修斯与安德洛美达此后过着美满的生活，其子厄勒克特律翁便是赫拉克勒斯的祖父。

美杜莎的头颅被献给雅典娜，她把头颅嵌上盾牌，为宙斯待命。

美杜莎的头

忒修斯

　　忒修斯是雅典人心中的大英雄，曾有许多奇遇。他是雅典国王埃勾斯之子，幼年待在希腊南部的外婆家。埃勾斯在孩子出生前返回雅典，并将一把剑与一双鞋藏于洞中，以石头覆盖。他将这件事告诉妻子，若孩子长大，有能力翻动石头取得洞中物时，让他到雅典认父。男孩长大后，远比其他人强壮，轻易地便翻开石头。母亲知道时机成熟，就要他去雅典认父。外公准备一艘船让他前去寻父，但忒修斯拒绝走平稳轻松的水路，他想尽快成为大英雄，若循平易途径则不易成大器。赫拉克勒斯是全希腊最为出色的英雄，忒修斯常在心里以他为师，决定也成为他那样的英雄。

　　他坚拒乘船，认为乘船有意规避风险，于是选择陆路前往雅典。路途十分遥远而危险，途中遇上埋伏的强盗，他把他们全杀了，不留活口继续危害其他行人。他的正义感很简单，却很有效，坏人如何待人，忒修斯便等同回报。例如斯喀戎总是要俘虏们跪地给他洗脚，然后趁机把俘虏们踹入大海，忒修斯便将他扔下断崖；辛尼斯将人绑在两棵被他扳弯的松树之间，再放开让树梢猛地弹回原位，中间的人就会被撕裂，最终他自己的死法亦是如此。普罗克特斯将人放在铁床上，截短高个子或拉长矮个子，使人身长与床一致，故事并未交代他的后果，想来他终究难逃一死。

　　忒修斯抵达雅典时，已是公认的英雄，并受到国王盛宴款待，国王埃勾斯并不知道这位青年便是其子。其实国王害怕青年受到人民爱戴，进而取代他为王，于是设计毒害他。这个诡计出自寻找金羊毛故事的女主角美狄亚。她

忒修斯搬开石头取出父亲留下的物品。

通过法术得知了忒修斯的身份。当初乘着飞车离开科林斯后，她来到雅典，对埃勾斯颇具影响力，因此不希望青年的出现影响她。当她递给忒修斯毒酒杯时，忒修斯有意尽快让父亲认出他的身份，于是拔出宝剑，国王立刻认出，便将毒酒杯摔到地上。美狄亚只得逃走，这次跑去了亚洲。

埃勾斯随后诏告天下，忒修斯是他的儿子，也是王位继承人，新王储很快赢得雅典人的爱戴。

雅典数年前发生了一桩不幸的事情。克里特岛统治者米诺斯痛失爱子安德洛革俄斯。原因出于雅典国王埃勾斯待客不周，竟让访客安德洛革俄斯去杀牛，结果死在牛蹄之下。米诺斯怒攻雅典，俘虏雅典子民，扬言要他们每九年献祭少男少女各七名，不然就把雅典夷为平地。此后，被献祭的少男少女一到克里特岛，便送给米诺陶洛斯生吞活剥。

美狄亚递给忒修斯毒酒杯。

米诺陶洛斯是半人半牛的怪物，为米诺斯的妻子帕西淮与公牛所生。这头公牛是海神波塞冬送给米诺斯的，要让他杀来献祭，但米诺斯不忍，便留下他。为了惩罚米诺斯，波塞冬便让帕西淮疯狂爱上公牛。

米诺陶洛斯出生后，米诺斯并未杀他，而是请来伟大的建筑师兼创造者代达罗斯，设计一座无法逃亡的迷宫给他居住。这座迷宫，一旦跨进就会迷失在无尽的曲折中，永无出路。雅典的少男少女每回只进不出，全数进了米诺陶洛斯的肚子。因为无论跑向何方，都可能遇到米诺陶洛斯，若是待在原地，米诺陶洛斯也会出现，最后他们还是难逃一死。忒修斯来到雅典几天后，又到了献祭十四名少男少女的日子。忒修斯立刻自愿加入献祭行列，所有人爱他善良，欣赏他的情操，却不知他有意杀米诺陶洛斯。他将计划告诉父亲，承诺若是遇难，便让人挂上黑色船帆；若是成功，便将挂上白色船帆，让埃勾斯知道他平安归来。

献祭者在去迷宫之前，会先去街上游行。米诺斯之女阿里阿德涅就在人群中，对忒修斯一见钟情。她去找代达罗斯，让他指示出路。接着请人找忒修斯，告诉忒修斯若愿意娶她为妻并带她前往雅典，她愿意助他一臂之力。不难想象，忒修斯会答应。于是她给他一个线球，让他遵从指示沿途放线，以便能沿线找到来时的路。趁着迷宫里的怪物睡着时，忒修斯将怪物按住，猛拳直落，将他击毙。

忒修斯激战后起身拾起线球，找到出路，其他人跟随在后。他带着阿里阿德涅奔回船上，返航雅典。

回程时停靠在纳克索斯岛，之后的经历有不同说法，有的故事说忒修斯趁着阿里阿德涅睡着时，径自开船离去，后来酒神发现她，并给予安慰。另外一则故事则偏袒忒修斯，说阿里阿德涅晕船晕得厉害，于是他让她上岸休息，他则返回船上处理要事，一阵强风将他吹出海，返回后却见阿里阿德涅已死，十分痛心。

两则故事都说船只回雅典时没有换成白帆，或许是凯旋的忒修斯兴奋得忘

酒神与阿里阿德涅

了其他的事，又或许是他为了阿里阿德涅心伤使然。国王埃勾斯在卫城观望数天后，看见了黑帆，以为儿子遇难，便投海身亡，其后这片海水便名为爱琴海（埃勾斯又译爱琴斯）。

忒修斯继位为王，成为最睿智公正的君王。他不以王权治国，而是改兴共和制度，成立市议会供市民集会与投票。他仅保留统帅职务，如此雅典成为世上最繁荣安乐的城市，唯一的自由发源地，也是人民自治的地方。因此阿耳戈斯七雄与底比斯大战后，胜利的底比斯人拒绝埋葬敌方死者，败方则转向忒修斯与雅典人求援，相信这位君主与人民，不会让无助的死者受难。果然，忒修斯率军征服底比斯，迫使底比斯人允许死者下葬，但并没有对他们以牙还牙。表现了骑士风范，他禁止军队进城烧杀掳掠，因为此次进军的目的不是伤害底比斯人，而是要埋葬他们的对手阿尔戈斯的死者，事情办妥便率军返回雅典。

他在其他故事中都显露同样的特质，如接纳被驱逐出境的俄狄浦斯王，一直陪在他身旁，并且保护他的两个女儿，让她们在父亲去世后平安返家；赫拉克勒斯发疯时失手杀了妻儿，清醒之后便决定自杀，也是忒修斯陪伴他。赫拉克勒斯的朋友全都跑光，害怕被犯恶行之人污染，只有忒修斯伸出援手鼓励他，告诉他寻死是懦夫的表现，并将他带回雅典。

除了处理国务与保护弱者，忒修斯依然热爱冒险，传说他独自前往女战士的国度——阿玛宗，也有一说是赫拉克勒斯陪他去的。总之，他带回了她们的女王希波吕忒。她为忒修斯生下儿子希波吕托斯，后来阿玛宗人为了拯救她，占领雅典邻境的阿提卡，最后败退。此后，忒修斯时代未有其他敌国进犯。

他曾是前往阿尔戈斯寻找金羊毛的勇士之一，也曾参与卡吕冬大狩猎，当时卡吕冬国王广召英雄，一起捕捉肆虐国内的大野猪。忒修斯在狩猎期间救了庇里托俄斯一命，他与忒修斯一样热爱冒险，但不如他成功，屡屡惹上麻烦，忒修斯总是帮助他脱困。他俩的友谊源自庇里托俄斯的鲁莽行径。一日，他想看忒修斯是否是传说中的大英雄，便潜入阿提卡，偷取忒修斯的牲畜。听见忒修斯追来，便停下来准备与他一较高下。但一看到忒修斯，庇里托俄斯马上忘记一切，只剩下对忒修斯的敬佩。于是他伸手哭喊着："我愿受罚，请你惩罚吧。"忒修斯欣赏他的热情，便回答："我只要你成为我的朋友和战友。"于是两人发誓为友。

庇里托俄斯身为特萨利国王，他成婚时，忒修斯受邀为座上嘉宾。那场婚宴或许是史上最为不幸的一次，马人肯陶洛斯是新娘亲戚，喝醉后便四处骚扰女子。忒修斯跳出来保护新娘，击倒想抓走她的马人，后来便是一场混战。最后在忒修斯的帮忙下，特萨利人击退境内所有马人。

两人最后一次冒险，他却救不了伙伴。原来庇里托俄斯的新娘后来死了，他决定娶世上被保护得最周密的女子——冥后珀耳塞福涅。忒修斯答应帮忙，吸引他的可能是这个任务的危险。他说要先劫走后来特洛伊故事中的女主角海伦，待她长大便娶她为妻。这比起掳走珀耳塞福涅少了点风险，但也足以满足冒险的野心了。海伦的兄弟是凡人莫敌的卡斯托尔与波吕克斯，忒修斯成功劫走女孩，过程不详，但兄弟俩成功救回了海伦。忒修斯没有被兄弟俩发现，便陪同庇里托俄斯下探幽冥。

冥王察觉他们的来意，便用新法子破坏他们的行动。他并未杀他们，毕竟他们已身处幽冥。冥王友善地招待他们坐下来，他们坐下后就无法起身，因为那是"遗忘之椅"，凡人坐上便忘却一切，脑中一片空白，不能动弹。庇里托俄斯永远地坐在了那里，而忒修斯被赫拉克勒斯一把拉起，带回凡间。忒修斯试着拉起庇里托俄斯却无能为力，因为冥王知道计划劫走珀耳塞福涅的是庇里托俄斯，便将他固定在椅子上。

多年后，忒修斯又娶了阿里阿德涅的妹妹淮德拉，却带来不幸。他的儿子希波吕托斯自小在忒修斯童年生活的南方。男孩长大后，成为运动家和猎人，鄙视安逸生活，更鄙视情爱，蔑视爱神阿佛洛狄特，只崇敬狩猎女神阿耳忒弥斯。忒修斯将儿子带回领地，父子情感越发浓厚。希波吕托斯从不正视继母淮德拉，她却疯狂地爱上他，虽然她对此感到万分羞愧，却无力抑止爱火。原来是阿佛洛狄特安排这桩不幸的畸恋，她对希波吕托斯很不满，决心重罚他。

忒修斯与阿玛宗女王的战斗

　　淮德拉陷入绝望，孤立无援下决定自尽。忠心的老奶妈发现了她的打算，也发现了她的秘密。护主心切的她直接找上希波吕托斯。

　　"她为爱上你而寻死，以爱回应她吧。"老奶妈说道。

　　希波吕托斯满心厌恶地转身，任何女子的爱都让他生厌，而这段不伦之恋让他更加反感和恐惧。他冲进庭院，而老奶妈则紧随哀求。他们并未看见坐在庭院里的淮德拉。希波吕托斯气急败坏地转向老奶妈。

　　"你这可怜的东西，竟教我背叛父亲。光是那些话就污染我的耳朵。噢，龌龊的女人，每个女人都龌龊。除非我的父亲在家，否则我永远不会踏入这间屋子。"他怒气冲冲地离开，老奶妈一转身，看到淮德拉，惊见女主人神情异常。

　　"我会帮你想办法的。"老奶妈结结巴巴地说道。

　　"嘘，我会自行解决。"淮德拉说完便进入房里，而老奶妈也颤抖跟进。

　　几分钟后，屋外传来仆人迎接忒修斯回来的声音。忒修斯一进门，便听到女人哭道淮德拉自尽身亡，留下一封遗书。

　　"噢，我的爱，这是你的遗愿吗？你的唇印在此，却再也无法对我微笑。"忒修斯说道。

　　他打开信一读再读，然后转向满院的仆人。"这封信里泪诉委屈，是我的儿子对她施以毒手。天啊，波塞冬！请听我对他的诅咒。"忒修斯说道。

　　大家静默不语，希波吕托斯急切的脚步声打破了沉默。"发生什么事？她怎么会死了呢？父亲，告诉我，让我知道你的哀伤。"

　　忒修斯说道："应该有把真切衡量感情的尺，让人明白谁可以相信，谁不可以相信。你们看看我的儿子，我死去的妻子指证他的罪行，他竟然对她施暴，死者的遗言证明了一切。你被流放了，现在就走！"忒修斯说道。

　　希波吕托斯答道："父亲，我不善言辞，唯一能证明我是无辜的人已死。我只能向宙斯发誓，绝对没有碰过你的妻子，更从未对她产生邪念，若我有罪，我愿一死。"

"她的死已经证明一切，走吧！你已经被驱逐出境！"忒修斯说道。

希波吕托斯离开了，尚未走远，死亡却已等着他。他坐马车沿着海边走着时，他父亲的诅咒应验了。一只海怪从海里升起，吓得马匹乱窜失控，最后人也受了重伤。

忒修斯还是无法宽恕他，直到阿耳忒弥斯现身告诉他真相。这些惨事让忒修斯崩溃。这时，仅存一丝气息的希波吕托斯被抬进门。

他喘着气说着："我是清白的，是你吗？阿耳忒弥斯？女神啊，你的猎人就要死去。"

"亲爱的，没有人能取代你。"女神告诉他。

希波吕托斯的目光离开女神，睁开双眼看见他心碎的父亲。"父亲，这不是你的错。"

"我恨不得代你一死。"忒修斯说道。

女神以平静甜美的声音提醒悲伤的人们："将你的儿子拥入怀里，忒修斯，不是你杀了他，而是阿佛洛狄特的安排，人们将永远传颂歌声与故事纪念他。"

女神消失，希波吕托斯也走了。现在他已开始走上通往冥府的道路。

忒修斯亦是死得不幸。他死在吕科墨德斯王的宫廷里，被他的朋友兼东道主杀死。数年后，阿喀琉斯为了逃避出战，扮女装藏身的地方也是此处。而忒修斯为何出现在那里，有人说忒修斯被雅典人驱逐，因而被迫投靠吕科墨德斯。总之，亦友亦主的国王杀了他，原因不详。

即使雅典人驱逐他，他死后也受到了他们的景仰。他们为他兴立坟冢并作为奴隶、穷困、无助人们的圣殿，永远纪念这位终生济弱扶倾的英雄。

赫拉克勒斯

赫拉克勒斯是希腊最伟大的英雄，其特质不同于雅典英雄忒修斯，雅典之外的希腊人最尊崇他。忒修斯是智勇双全的英雄，比起其他地区，雅典人更重视思想与概念，也更喜欢忒修斯这样的英雄，他是雅典人理想的具体化身。赫拉克勒斯则具体呈现其他希腊人的渴望，其特质受到一般希腊人的景仰，除了无畏的勇气外，一概有别于忒修斯。

赫拉克勒斯是世上最强壮的人，过人的体能带给他无比自信，自认可媲美众神，因为众神需要赫拉克勒斯帮忙击败巨人族。在奥林匹斯众神与巨人族的最后一役中，众神能顺利打败盖亚之子，赫拉克勒斯的箭术功不可没，于是他傲然待神。有一次德尔菲神殿的女祭司没有回应他的问题，他抓起女祭司的三脚椅，宣称打算把它带走，另立神殿。阿波罗当然不容许，但赫拉克勒斯有意与他相斗，宙斯便出面调停，这次争执被轻易摆平了，赫拉克勒斯尚且温厚，他不想与阿波罗争吵，只求神殿回复。阿波罗看着眼前勇敢的人，佩服他的大胆，命令女祭司给予回应。

终其一生，赫拉克勒斯自信任何人都无法打败他，事实证明的确如此，每回与人争斗，胜负早定。不过他敌不过超自然力量。天后赫拉施法对抗他，最后他死于神力，否则海陆空未见有人打败过他。

他做事不常用智慧，有一回他觉得太热，便以箭瞄准太阳，作势射下它。又有一回乘船，浪潮翻来覆去，他便告诉海水若不平静，便要受罚。他的智商不高，情绪却很强烈，容易激动得失去控制。如在前去寻找金羊毛途中，他不顾一切地想要找到失踪的随从许拉斯，不仅丢下阿尔戈号，也忘了战友和金羊毛的事。力大无穷的英雄竟蕴藏着如此深厚的感情，不免古怪得惹人喜爱，但也造成无限灾祸。他如果突然生气，总是害无辜受害者丧命，怒意消退后，又会忏悔所做之事，愿意接受惩罚。若非他自己同意受罚，没有人能治得了他，也没有人像他接受过这么多的惩罚。他终其一生都在弥补过错，从未抗拒几乎不可能完成的要求。即使别人有意宽恕，他仍执意责罚自己。

若要让他像忒修斯那样管理国家，不免滑稽，他连自己都无法管理好。他的思考仅限于设计杀死威胁他性命的怪物。但他确实伟大，不全是基于过人体力而产生的勇气，而是因为他显露出伟大的灵魂，为了犯恶而哀伤，愿意做任何事弥补过错。倘若他也能拥有伟大的心智，至少依据理智行事，那么他将会是位完美的英雄。

赫拉克勒斯出生于底比斯，一度公认是安菲特律翁之子；阿尔凯厄斯为安菲特律翁的父亲，所以早年人们又称赫拉克勒斯为阿尔凯厄斯的后代。事实上，他是宙斯之子，宙斯趁安菲特律翁外出征战时，化身为他的模样，前去寻找其妻阿尔克墨涅。后来她生下二子，赫拉克勒斯为宙斯之子，伊菲克勒斯为安菲特律翁之子，两名孩子未满周岁时面临危险的不同反应，展露出血统差异。

天后赫拉依然善妒，她决定杀死赫拉克勒斯。某夜阿尔克墨涅帮孩子沐浴及喂奶后，便放在摇篮里哄着入睡，她推动摇篮，孩子很快睡着。深夜时，两条大蛇爬进育婴房并攀上摇篮，晃头吐芯。小孩醒来，伊菲克勒斯尖叫着想要逃出摇篮。赫拉克勒斯坐起抓住大蛇的喉咙，大蛇扭动身躯缠住他的身子，但他把蛇抓得更紧。母亲听到孩子尖叫，叫醒丈夫赶到育婴房，只见赫拉克勒斯笑盈盈地抓着大蛇。他把蛇交给安菲特律翁时，蛇已断气。人们知道这孩子日后会做大事。泰瑞西阿斯是底比斯的盲眼先知，他告诉阿尔克墨涅："我发誓希腊所有妇女夜里纺羊毛时，都将歌颂你与赫拉克勒斯，他会是全人类的英雄。"

众人对他的教育费尽心思，但教授他不感兴趣的东西便是一项危险任务。譬如音乐是所有希腊男孩的主要学业，但他似乎不爱，要不就是讨厌音乐老师。愤怒之下拿起鲁特琴砸老师的头，竟把老师砸死了。这是他第一次不小心杀人，因为一时冲动，也没想到自己的力气那么大。他万分懊悔，却免不了日后一再犯错。其他科目如箭术、摔跤、驾车，他都很喜爱，而这些老师全部都保住了性命。十八岁时，他在基太隆森林独自杀了一头猛狮，之后他将狮皮作为斗篷，以狮头为头巾。

　　赫拉克勒斯立下一项功绩，即征服米尼埃。这是因为底比斯人被迫向米尼埃人进贡，负担沉重。底比斯人让墨伽拉公主嫁给他。赫拉克勒斯深爱妻儿，但这桩婚姻为他带来空前绝后的试炼、悲痛和危难。因为天后赫拉在作祟。墨伽拉生下三名孩子后，赫拉克勒斯便发疯失手杀死妻儿。等他回复理智后，发现一片血海，他对眼前景象感到困惑，只依稀记得前一刻他们还在说话。看到

赫拉克勒斯

他清醒，安菲特律翁才敢上前告诉他经过，赫拉克勒斯听完，才惊觉自己犯下杀亲血罪。

安菲特律翁试着安慰他，但他冲动地想要自尽，却在动手前改变了计划，得以保住性命。他从混乱情绪与狂暴行为中恢复理智，沉痛地接受事实，这项奇迹并非来自上天，而是来自友谊。忒修斯伸手握住他沾满血腥的手，依照一般希腊人的观念，如此一来他便分担了赫拉克勒斯的罪孽。

忒修斯尽力安慰赫拉克勒斯，鼓励他不可退缩，必须坚强忍受各种打击、谩骂以及污名，并且有意带他回雅典生活。双方沉默许久，最后赫拉克勒斯答应坚强等待死亡来临。

两人于是回到雅典，但赫拉克勒斯并未久留。忒修斯是位思想家，认为人若不知情而杀人不应有罪，帮助他的人也不会受污染。雅典人同意并接纳这位不幸的英雄，但赫拉克勒斯无法思考，不懂这些概念，他只觉得自己杀了亲人带有血罪，应该受到惩罚。他到德尔菲神殿请示神谕，女祭司看法与他一致，认为他需要受尽苦行才能净化，要他去找在迈锡尼为王的堂兄弟欧律斯透斯，服从他所有要求。赫拉克勒斯乐意前往，尽一切努力洗清罪孽。文末显示女祭司知道欧律斯透斯的为人，他制造的磨难足以彻底净化赫拉克勒斯的心灵。

欧律斯透斯是个狡猾的人，何况背后还有天后赫拉撑腰——因为她无法原谅赫拉克勒斯是宙斯之子，他看到世上最强壮的人自愿谦卑为仆，就设计了一套苦差事。欧律斯透斯给予赫拉克勒斯的劳役一共十二件任务，个个都很难执行。

第一件任务，杀刀枪不入的尼密阿之狮。赫拉克勒斯将它勒死，扛回迈锡尼。欧律斯透斯对他的神勇心生忌惮，不允许他进城接近自己，后面的各项任务都远远地令人代为传达。

第二件任务，前往勒拿杀死生于沼泽的九头怪许德拉。这实在困难，因为这个怪物的头砍下一个，就会又生出两个，还有一个头是不死的。幸好侄子伊俄拉俄斯带来烙铁，每砍一头，立即烙印封住，如此蛇头便无法再生。砍了八颗头后，剩下的不死头便深埋岩石下。

第三件任务，活捉一头刻律涅亚森林的金角牝鹿，献给阿耳忒弥斯。杀鹿容易，活捉却是困难，赫拉克勒斯追捕一年才成功。

第四件任务，捉住一头厄律曼托斯山的野猪。他追得筋疲力尽，最后驱逼野猪进入雪地后，才成功把它活捉。

第五件任务，一日内清理奥革阿斯的牛棚。牛棚内有数千只牲畜，多年没有清理，赫拉克勒斯改变两条河的河道，很快便让河水流经牛棚，洗刷了所有脏污。

第六件任务，解救怪鸟成灾的斯廷法罗斯湖。雅典娜帮助他将鸟驱出隐藏处，一飞出便予以射杀。

第七件任务，前去克里特岛捉来波塞冬送给米诺斯的漂亮公牛。赫拉克勒斯把它架上船，送给欧律斯透斯。

第八件任务，捉回色雷斯国王狄俄墨得斯的食人马。赫拉克勒斯首先杀死狄俄墨得斯，顺利带回食人马。

第九件任务，带回阿玛宗女王希波吕忒的腰带。希波吕忒和善待他，愿意把腰带送他，但天后赫拉蓄意制造风波，让阿玛宗人以为赫拉克勒斯打算劫走女王，因而围攻船只。赫拉克勒斯不念女王过去款待他，认定是她发动攻击，便杀死她，击退其他人，带走了腰带。

第十件任务，取回巨人革律翁饲养的牲畜，革律翁住在西方的厄律忒亚岛。赫拉克勒斯途中抵达地中海尽头的陆地，以两块大石纪念此行，这两块石头称为"赫拉克勒斯支柱"（即今日的直布罗陀岩）。后来他打败巨人，赶着牛群回到迈锡尼。

第十一件任务，带回赫斯珀里得斯的金苹果，这项任务艰巨，赫拉克勒斯不知从何找起。赫斯珀里得斯的父亲为擎天神阿特拉斯，赫拉克勒斯找他求助。他答应阿特拉斯，在他离开的时候替他扛着天。阿特拉斯眼见有机会卸下重担，便欣然答应。阿特拉斯带回金苹果后，有意让赫拉克勒斯继续替自己扛天，说自己会亲自将金苹果送去给欧律斯透斯。这下赫拉克勒斯只能智取，幸好阿特拉斯机智不如他。赫拉克勒斯假装同意阿特拉斯的话，但请他代扛片刻，好让他去找一块垫肩来以减轻压力，阿特拉斯照办了，赫拉克勒斯拿起苹果便离开了。

第十二件任务，是所有苦差事之最。赫拉克勒斯要下探冥府，将三头的地狱犬带回凡间。冥王普鲁托允许了，但要求赫拉克勒斯赤手空拳对抗地狱犬。他征服地狱犬后，将他举起带回凡间，还顺道解救了被困在冥府的好友忒修斯。欧律斯透斯不愿留下地狱犬，又命赫拉克勒斯将它送回冥府。这是他最后一道苦行。

完成所有任务后，他的杀亲血罪已获得净化，似乎可享有平静自在的余生，但事实并非如此。他再度投入另一项冒险——打败巨人安泰俄斯。安泰俄斯是摔跤好手，他逼陌生人与他摔跤，若他赢了，就会杀死对方，还用死者头骨来修建神殿屋顶。他的力量来自大地，只要他踩在地面，便所向无敌。赫拉克勒斯将他高举在空中勒死。

赫拉克勒斯的冒险故事多不胜数。他与河神阿刻罗俄斯为了一名女子搏斗，河神无意与他力搏，只想与他说理，但此举反而让他更为恼怒。阿刻罗俄斯化为一头牛，凶猛进攻，但赫拉克勒斯善于降牛，最后打断牛角，击败对方。而争端的起因——得伊阿尼拉公主，成为赫拉克勒斯之妻。

他在特洛伊城时，解救了一位与安德洛美达遭遇相同的少女，她是特洛伊国王拉俄墨冬之女。当年宙斯命阿波罗与波塞冬建筑特洛伊城，国王却拒付工资，因此激怒两位神祇。阿波罗与波塞冬各送来瘟疫与海蛇，逼迫特洛伊人将公主作为祭品献给海蛇。赫拉克勒斯答应解救公主，只愿国王将宙斯送给国王祖父的马匹转送给自己。不过，事后国王毁约了。赫拉克勒斯就掠夺城邦，杀了国王，将公主送给萨拉米斯岛的朋友忒拉蒙。

在找阿特拉斯询问金苹果消息的途中，他曾路过高加索，释放了普罗米修斯，并杀死折磨他的老鹰。

此外，还有一些不光彩的事。他失手杀死为他倒餐前洗手水的少年，少年父亲因为这是意外而原谅了他，但他自责不已，为此流亡他乡一段时间。最糟的是他蓄意杀害好友，只为报复好友的父亲欧律托斯王的侮辱。宙斯因此罚他去当吕底亚女王翁法勒的奴隶，为期一年或三年。她以他为娱乐，命他扮女装、做女人的工作，如纺线织布，他屈意顺从，但心里觉得被侮辱，便全怪罪欧律托斯，发誓重获自由后一定得惩罚他。

赫拉克勒斯重获自由后，开始报复欧律托斯王。他召集军队攻城，处死国王。尽管取得胜利，但某种程度来说，欧律托斯王也间接复仇了，因为赫拉克勒斯因这次事件而丧命。

在城全毁前，他派遣一批少女返家。妻子得伊阿尼拉正等待他归来。那群少女中，有一个美丽非凡，她是欧律托斯王的女儿伊奥勒。人们告诉得伊阿尼拉，她丈夫疯狂爱上这名女子。得伊阿尼拉并不懊恼，原来她有珍藏多年的爱情符咒。当年婚礼之后，赫拉克勒斯带她返家途中，行经一条河流，船夫是马人涅索斯。他趁渡河时对她无礼，所以等他们过河后，赫拉克勒斯就杀了他。涅索斯在死前告诉得伊阿尼拉，取下自己的鲜血为符咒，可防止赫拉克勒斯日后变心。如今得伊阿尼拉听到伊奥勒的事情，明白时机来临，就取一件长袍抹上符血，差人送给赫拉克勒斯。

这件长袍的效果，等同当年美狄亚因伊阿宋变心而送给情敌的毒礼。赫拉克勒斯穿上后疼痛难耐，如遭火焚。他立刻迁怒于送袍使者，把无辜的使者扔进海里。如此剧痛并未消灭他，当年的科林斯公主当场死亡，而如今的他尚能活着。众人送他回家，得伊阿尼拉听闻丈夫受尽折磨，于是自尽。最后赫拉克勒斯也决定自尽以终结痛苦，他命人在俄忒山搭起柴火，让他躺在上面。临终之际，他欣然说道："这是休息，也是终点。"犹如赴宴之人歇躺于卧榻般。

他要求年轻随从菲罗克忒忒斯以火炬点燃柴火，并把自己随身弓箭送给他，这把弓箭日后在特洛伊战争中出了名。烈焰直冲天际，赫拉克勒斯从此离世，他上了天界，与天后赫拉和解，并娶其女赫柏为妻。

但我们实在难以想象他愿甘于平静，或让众神享有宁日。

阿塔
兰忒

　　阿塔兰忒的父亲因为没有儿子而失望，认为女儿不值得养育，于是把她遗弃在荒山野岭，任其自生自灭。不过，故事里的动物比人善良，母熊养育她，让她成长为活泼勇敢的小女孩。好心的猎人发现她，便把她带回去，最后她习得猎人的全部技能，甚至青出于蓝。有一回，两只比人壮硕敏捷的马人发现她独自一人，于是追过去，她并未逃跑，而是冷静地射出两支箭，马人应声倒地，身负重伤。

　　卡吕冬野猪狩猎大会来临。因为国王俄纽斯在收获季忘记奉献果物给阿耳忒弥斯，女神便派出野猪肆虐卡吕冬国。野猪摧毁田地与牲畜，杀死有意猎捕它的人。最后国王召集

阿塔兰忒

全希腊的勇士前来相助，其中许多人后来搭上阿尔戈号冒险出航。有"阿卡迪亚森林的骄傲"之称的阿塔兰忒也来了。当她走进大会时，神态自若。她的容貌看来既有女子的娇柔又有男子的俊俏，王子墨勒阿革洛斯对她一见钟情。但我们确信阿塔兰忒把他当成好伙伴，而不是恋人。除了结伴狩猎以外，她不爱男人，也决定不结婚。

有些英雄对她的出现感到愤愤不平，认为与女人一起狩猎有失身份，但墨勒阿革洛斯坚持让她加入。他们终于妥协，后来证实这是正确的决定。野猪在众人包围之下，迅速冲出重围，有两人苦无援手而丧命，第三人则被同伴标枪误射，奄奄一息。死伤混乱与疯狂飞射之际，阿塔兰忒沉着地射中野猪，墨勒阿革洛斯冲上前去将野猪一刀刺死。严格说来，是墨勒阿革洛斯杀死野猪，但他希望将狩猎的荣耀归于阿塔兰忒，坚持把兽皮给她。

如此一来却埋下他的死因。原来命运三女神在他一周大时，出现在他母亲阿尔泰亚面前，将一块圆木扔入火里，边纺织缠绕生命之线，还一边唱着："噢，我们赐予新生儿一个礼物，若这段木头烧完，生命也到了尽头。"阿尔泰亚赶紧拾起木头，将上面的火熄灭后藏在木柜里。

阿尔泰亚的兄弟们也参加了狩猎大会。让女人赢得荣耀使得他们倍感屈辱，别人的反应肯定也是如此，但不敢说出来。而他们是墨勒阿革洛斯的舅舅，不需对他客气。他们扬言阿塔兰忒不配拥有野猪皮，告诉墨勒阿革洛斯无权放弃，墨勒阿革洛斯听完愤而杀死两人。

听到亲兄弟遭到儿子杀害的消息，原因竟然是儿子爱上了一同狩猎的无耻丫头，阿尔泰亚不禁勃然大怒，一气之下冲往木柜取出生命圆木，将它扔进火里。木头燃起，墨勒阿革洛斯立刻倒下，等到木头化成灰烬时，他的灵魂也脱离躯壳。传说阿尔泰亚对自己的作为大感后悔，于是上吊自尽。卡吕冬狩猎记以悲剧收场。

阿塔兰忒后来得知亲生父母的身份，并回去与他们共同生活。她的父亲有了这位足以媲美儿子的女儿，显然甘心了些。说来奇怪，许多男人因为她能狩猎、射箭、摔跤而争相娶她。为了打发他们，她宣布：谁赛跑能赢她，就愿意嫁给他。其实她心知没有人可以得胜，因此过了一段快活的日子，每回有飞毛腿青年前来挑战，她总能胜出。

最后来了一位能跑也会动脑的青年。他知道自己赛跑不如她，但他有谋略。爱神阿佛洛狄特向来伺机降服蔑视爱情的少女，这位机智的青年名为墨拉尼昂（或称希波墨涅斯），他取得三颗有如赫斯珀里得斯果园长出的金苹果，凡人看了都想握在手里。

阿塔兰忒在跑道上等候起跑，不着长袍的她比起盛装更美，场上观众都被她的美色震慑。青年沉静以对，握紧金苹果。等到出发后，她疾飞如箭，发丝甩在雪白肩膀后，全身散发玫瑰般的光彩。当她超过对方时，眼前便滚出一颗金苹果，她忍不住去捡，然而接着出现的两个金苹果一次比一次滚得更远，她一次次停下来去捡，墨拉尼昂便趁机超越，最后气喘吁吁地先她抵达终点，如愿娶得美人归。她那独自飞奔山林的快意生活与运动场上的胜利也随之结束。

传说后来两人冒犯宙斯或阿佛洛狄特而被化为两头狮子，不过阿塔兰忒曾生下一名儿子帕耳忒诺派俄斯，是远征底比斯的七雄之一。

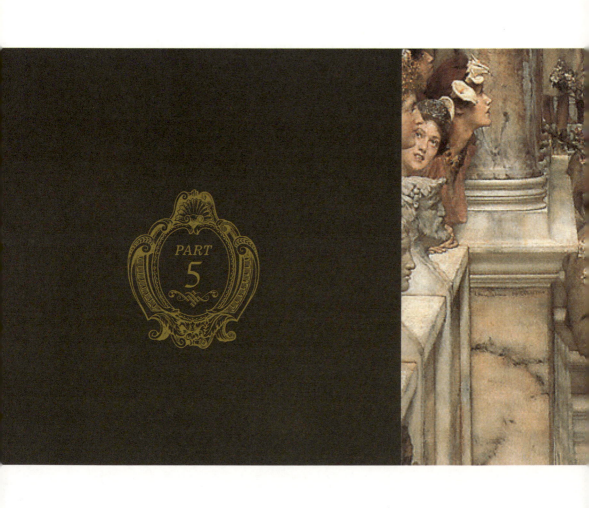

A N C I E N T

神话中的
战争与冒险

特洛伊战争

1
帕里斯的审判

帕里斯的审判

不和女神厄里斯在奥林匹斯不受欢迎，众神设宴多半有意忽略她，她怀恨在心，决定制造麻烦。在忒萨利亚国王佩琉斯与海洋女神忒提斯的盛大婚宴上，她没被邀请，便前去婚礼上投入一个注明"给最美的女神"的金苹果。阿佛洛狄特、赫拉、雅典娜三位女神都想得到它。她们请宙斯裁决，但睿智的宙斯拒绝涉入，只指示她们前往邻近特洛伊的伊达山，找到替父亲管理羊群的年轻王子帕里斯，他善于鉴赏美。帕里斯虽贵为王子，却从事牧羊人的工作，这是因为有人警告国王普里阿摩斯，将来他儿子会摧毁江山，于是他把帕里斯送走了。当时帕里斯与迷人的仙子俄诺涅共居山林。

三位女神出现在他眼前，并未要他选出最美的人，只提出贿赂条件，让他选出最有价值的一项。赫拉承诺让他成为强大的统治者，雅典娜答应让他成为伟大的英雄，阿佛洛狄特则承诺送他世上最美的女人，帕里斯选择了最后一项，将金苹果送给了阿佛洛狄特。

此即公认有名的帕里斯审判，特洛伊战争的主因。

海伦是世上最美的女人，她是宙斯与勒达之女，也是卡斯托尔与波吕克斯的妹妹。希腊的王子们都想娶她为妻，由于都是权贵且人数众多，海伦的养父即斯巴达国王廷达瑞俄斯深怕选了一位之后，其他落选之人将联合对付他，便要求众人郑重发誓，无论谁成为海伦的夫婿，若其婚姻有危难，众人必须帮她。由于这宣誓对每个人都有利，于是他们立下此誓。最后廷达瑞俄斯国王选出阿伽门农的兄弟墨涅拉俄斯为婿，立他为斯巴达国王。

在阿佛洛狄特的引导下，帕里斯接受父亲委派的使命拜访斯巴达，墨涅拉俄斯与海伦诚心接待他。当时主客间都预期不会互相伤害，但帕里斯却违背神圣的宾主关系。墨涅拉俄斯完全信任帕里斯并将他留在家中，自行前往克里特岛，帕里斯趁机拐走了女主人海伦。

墨涅拉俄斯返家发现海伦被劫，便号召全希腊人协助复仇，各方领袖依照昔日誓言前来。他们急切地渡海，想要摧毁强大的特洛伊。唯独奥德修斯与阿喀琉斯不愿出战。奥德修斯是位精明理智的希腊人，不愿为了失贞女子而离乡背井，于是假装发疯。使者来访时，奥德修斯正以盐巴当作种子，犁田播种，使者也很精明，抓起奥德修斯幼子放在犁铧前。奥德修斯迅速改变犁田方向，被识破其实心智健全，只好不甘愿地从军了。

阿喀琉斯则被母亲留住了，这位女神知道儿子此去必死无疑，把他送到昔日诱杀忒修斯的吕科墨德斯宫廷，让他乔装成宫女。奥德修斯前去寻他，乔装成叫卖小贩，所有宫女都围绕着饰品打转，唯独阿喀琉斯抚摸着刀剑，即被奥德修斯一眼认出。阿喀琉斯忘却母亲的叮咛，加入了

帕里斯诱拐海伦。

希腊阵营。

此时千艘船只满载希腊军队在奥利斯港集合，不料遇到北风持续大作而无法航行。大军情急之下，请先知卡尔卡斯宣布神谕，原来是阿耳忒弥斯因心爱的野兔被希腊人杀害而大怒。若要平安抵达特洛伊，必须献祭总指挥阿伽门农的长女伊菲革尼亚，以息神怒。此事攸关领军名声，以及征战特洛伊并提升自己在全希腊地位的野心，阿伽门农最终臣服了。他向妻子谎称为长女安排亲事，遣人返家领她前来献祭。伊菲革尼亚死后，北风停了，希腊大军得以安然航抵特洛伊。

大军抵达特洛伊的西摩伊斯河口，普洛忒西拉俄斯最先上岸。神谕预言最先上岸者将最早牺牲，因此他被特洛伊人以矛击毙后，希腊人用对神的方式祭拜他。众神派赫尔墨斯从冥府领他魂魄回凡间，让他去探视哀痛的妻子拉俄达弥亚，她不愿再次失去他，所以自杀，跟着丈夫下了冥界。

希腊军与特洛伊军势均力敌。国王普里阿摩斯与王后赫卡柏有多名勇敢的儿子，足以领军卫城，其中又以赫克托耳最为厉害，唯有希腊的阿喀琉斯可以与之匹敌。两位英雄心里明白将在特洛伊沦陷前丧命，但仍在死亡的阴影下作战。

双方交战九年，始终不分胜负，没有一方取得决定性胜利。后来希腊两位领袖阿喀琉斯与阿伽门农起了争执，形势便对特洛伊有利。这事的导火线是女人。希腊人掳到特洛伊城阿波罗祭司的女儿克律塞伊斯，并把她送给阿伽门农。她的父亲请求释放女儿，但阿伽门农不肯。祭司于是向阿波罗祷告，太阳神便从车上射出一道火箭，击中希腊军队，军营中开始瘟疫蔓延，士兵纷纷病死。

阿喀琉斯召开领袖大会，表示不能同时作战与抵抗瘟疫，他们必须选择，让阿波罗息怒还是弃战返航。此时先知卡尔卡斯起身，表示若受到阿喀琉斯的保护，就愿意说出触怒太阳神的原因。众人早已明白是因为阿波罗的祭司受侮，先知宣布必须释放克律塞伊斯，众领袖皆赞成。阿伽门农很生气却不得不答应，但指明要用另一女子作为交换条件。奉还祭司的女儿后，阿伽门农差人前往阿喀琉斯营帐，带走侍女布里塞伊斯，她是阿喀琉斯的战利品。阿喀琉斯向人和神发誓，阿伽门农将为此付出代价。

阿喀琉斯与阿伽门农争执。

　　那晚，阿喀琉斯的母亲，海洋女神忒提斯前来。她与他一样愤怒，告诉他别再插手希腊军的事。后来她去往天界，直接请求宙斯让特洛伊军战胜。宙斯很为难，因为战火已蔓延至奥林匹斯，阿佛洛狄特支持帕里斯所在的特洛伊一方，赫拉与雅典娜与她作对。战神阿瑞斯向来支持爱神，海神波塞冬则支持航海民族希腊人，阿波罗与阿耳忒弥斯则支持特洛伊人。宙斯偏爱特洛伊人，但他有意维持中立，赫拉料中他的心事，计划暗助希腊人，智取宙斯。

　　宙斯心知希腊军少了阿喀琉斯的话，就打不过特洛伊人，所以托梦给阿伽门农，让他以为出兵就能获胜，但要把阿喀琉斯留在营帐。于是，第一战少了阿喀琉斯。特洛伊国王普里阿摩斯与其他老臣在城墙上观战，海伦突然现身。他们眼见海伦到来，却不忍苛责这个引起战争的美人。海伦告诉他们帕里斯与墨涅拉俄斯的名号，不久双方军队各自后退，留出空地给这两人正面决斗，显然两军作了明智的决定，打算让当事人代表双方决一胜负。

　　帕里斯先发，墨涅拉俄斯则迅速以盾牌抵挡来矛，然后掷出他的矛，刺破帕里斯的紧身衣，但帕里斯没受伤。墨涅拉俄斯拔出仅存佩剑，却失手使剑断落，只能徒手扑向帕里斯，捉住他头盔上的翎毛，将人扭倒在地。若非阿佛洛狄特干预，墨涅拉俄斯就会把帕里斯拖回希腊军营。但她以一团云覆住帕里斯，将他带回特洛伊城。

　　气急败坏的墨涅拉俄斯冲进特洛伊营帐寻找帕里斯，但他已不知去向。阿伽门农宣布希腊军获胜，要求交还海伦，特洛伊人愿意答应请求。若非赫拉与雅典娜干预，双方便可就此休战，但赫拉却要特洛伊城沦陷才打算罢手。雅典娜混进战场，劝诱特洛伊人潘达罗斯破坏休战，他用箭射中墨涅拉俄斯。墨涅拉俄斯只受了轻伤，然而这一箭却激怒希腊人，认为特洛伊人背信，于是战事又起。战神的伙伴"恐惧""毁灭""倾轧"都在那里怂恿人们互相厮杀，四处都是杀戮的呻吟声与喝彩声，地面血流成河。

阿喀琉斯未上战场，便属大埃阿斯与狄俄墨得斯最为骁勇善战。那日他们勇敢杀敌，特洛伊军仅次于赫克托耳的战士埃涅阿斯险些死在狄俄墨得斯手上。埃涅阿斯血统高贵，是阿佛洛狄特的儿子，当他倒卧战场时，爱神急忙下来救他，将他拥入怀里。但狄俄墨得斯知道她是名文弱的女神，不像雅典娜那般能够驰骋沙场，便跃身刺伤她的手臂，痛得她扔下埃涅阿斯，跑回奥林匹斯。宙斯见爱笑的女神此时落泪，提醒她远离战场，要管的是爱情而不是战争。埃涅阿斯被母亲抛下，并未因此丧命，阿波罗用云雾裹住他，护送他到特洛伊圣地帕加马，请女神阿耳忒弥斯为他疗伤。

狄俄墨得斯继续在特洛伊军营里大杀四方，直到遇见赫克托耳。他看见战

雅典娜和战神的争斗

神阿瑞斯也在场，不免惊慌。嗜血战神支持赫克托耳，狄俄墨得斯看了害怕，示意希腊军慢慢撤退。愤怒的赫拉冲去找宙斯，询问是否能让讨人厌的阿瑞斯离开战场。宙斯也不喜欢阿瑞斯，就允许赫拉出面干预。她连忙下凡支持狄俄墨得斯，鼓励他勇敢攻击战神。英雄一听大喜，冲向战神，掷出矛枪，雅典娜引矛刺中战神，战神怒吼，使得希腊人与特洛伊人听了都害怕不已。

战神阿瑞斯喜欢恃强欺弱，自己却不能忍受痛楚。他飞奔到奥林匹斯，向宙斯哭诉雅典娜对他施暴。但宙斯严厉地看着他，认为他与其母一样使人难以忍受，命他停止哭泣。

少了战神，赫克托耳只好命令特洛伊军撤退，他听从弟弟的劝告后，返城向母亲取得华服，以此献给雅典娜，请求女神饶恕特洛伊人，但雅典娜不肯。赫克托耳返回战场前，再度探视爱妻安德洛玛刻与爱子阿斯提阿那克斯，妻子不舍他重返战场而落泪，赫克托耳安慰她后，便戴起头盔转身离去。

宙斯想起答应忒提斯要帮阿喀琉斯报仇，便命众神留在奥林匹斯，独自去凡间帮特洛伊人。重回战场的赫克托耳有如神助，所向披靡，特洛伊人称他为"驯马英雄"。他驱车穿入希腊阵营，希腊战士们一一倒在他的铜矛之下，直至黄昏歇战时，特洛伊人几乎将希腊人驱回船边。

那晚特洛伊人狂欢庆祝，希腊人则满是绝望与悲伤，阿伽门农打算放弃，返回希腊。领袖中年纪最长也最明智的涅斯托耳大胆告诉阿伽门农，若非他触怒阿喀琉斯，希腊军不会被击败，进而劝他，与其受辱返乡，不如与阿喀琉斯和解，众人皆赞成他的看法。阿伽门农承认自己的愚蠢行为，愿将布里塞伊斯送回，并附上佳礼，请奥德修斯帮忙说好话。

奥德修斯与其他两名领袖前去拜访，阿喀琉斯正与好友帕特洛克罗斯在一起。阿喀琉斯礼貌款待他们，但当他们说明来意后，他断然拒绝。说是全埃及的宝藏也无法收买他，他准备起航返家，如果他们够聪明，也应当跟他回去。

希腊将领拒绝返航，次日他们带着绝望和受死的心奔赴战场，在战场上节节败退，甚至退到船舶停靠的沙滩上。赫拉见宙斯坐在伊达山上俯视特洛伊人连连得胜，心想只有一项妙计可以制服宙斯。她回到寝宫，盛装打扮，并向爱神借来蕴藏魅力的腰带，最后现身于宙斯眼前。宙斯看见她，爱火一发不可收，随即忘却了对忒提斯的承诺，最后在她怀抱里沉沉睡去。

战况一度对希腊军有利，埃阿斯将赫克托耳击倒在地，埃涅阿斯趁机救走他。少了赫克托耳，希腊军得以将特洛伊军赶回城里，若非宙斯及时醒来，特洛伊城当天便被攻下。他跳起来，看见特洛伊人溃败，赫克托耳躺在平原上喘息，这才明白自己中了赫拉的计谋。他愤怒地转向赫拉，但她否认特洛伊战败与她有关，推脱是海神波塞冬暗助希腊军。宙斯命令赫拉返回奥林匹斯，又命使者伊里斯去叫波塞冬退出战场，海神只得服从命令。情势再度不利于希腊军。

阿波罗救醒了昏厥的赫克托耳，为他灌输力量。希腊军面对这两人，犹如被山狮驱赶的羊群，吓得逃至岸边。事先建立的防御工事形同孩童嬉戏的沙堆，不久便倾圮一地。特洛伊军一度逼近，放火烧船，绝望的希腊军只求勇敢一死。

阿喀琉斯的挚友帕特洛克罗斯惊见希腊军溃败，不忍同胞败亡，便向阿喀琉斯借取盔甲，代替他奔赴战场，希望能假装阿喀琉斯的模样吓退特洛伊军，让困顿的希腊军因此获得喘息机会。帕特洛克罗斯穿戴着足以震慑特洛伊人的阿喀琉斯的盔甲，领着阿喀琉斯的部下米尔弥多涅斯战士赴战。特洛伊人看见他们，以为是阿喀琉斯亲自领兵来伐，信心开始动摇。帕特洛克罗斯一度与阿喀琉斯一样所向披靡，但与赫克托耳对峙时，即在劫难逃。赫克托耳的矛刺中了帕特洛克罗斯，让他当场丧命。赫克托耳换上他的盔甲，犹如吸取阿喀琉斯的力量，锐不可当。

黄昏歇战时刻，阿喀琉斯等待挚友归来。这时涅斯托耳的儿子安提罗科斯哭着跑来，向阿喀琉斯报告坏消息，说帕特洛克罗斯身亡，赫克托耳取走了他的盔甲。阿喀琉斯听完悲从中来，周遭众人很担心他，他的母亲忒提斯浮出海面安慰他。阿喀琉斯决定为帕特洛克罗斯复仇，否则誓不为人。忒提斯泣语提醒，赫克托耳一死，他也注定死去。阿喀琉斯回答："我知道，我无法在好友危急时挺身相助，但至少我将杀死凶手，即使死亡到来，我也愿意。"

忒提斯并未阻挠，只希望他能等到黎明来临。她连夜拜访火神赫菲斯托斯，请他为阿喀琉斯打造了新的神兵利器，使他不必徒手赴战。

阿喀琉斯披挂上阵，目光有神，走出呆坐许久的帐篷。看见伤痕累累的弟兄，狄俄墨得斯、奥德修斯、阿伽门农聚集在一起，他为自己的愚蠢感到惭愧，竟为失去一名女子而忘却大事。但这些都过去了，他准备如同过去一样领导大家，立刻上战场杀敌。众人鼓掌喝彩，奥德修斯则示意吃饱喝足后才适合作战，阿喀琉斯不以为然，失去挚友已令他寝食难安，得先复仇才能下咽。

等待众人饱足后，阿喀琉斯领兵出战。众神明白这是两大英雄最后一场战役，宙斯拿出黄金天平，在两边分别放上赫克托耳与阿喀琉斯的砝码，赫克托耳的砝码下沉了，代表他将率先赴死。

赫克托耳率领特洛伊军在城边作战。特洛伊有一条大河，众神称卡珊托斯河，人们称斯卡曼德洛斯河。该河的河神偏袒自己人，想把过河的阿喀琉斯淹死，但失败了。只见阿喀琉斯四处寻找赫克托耳，见人便砍，无人能敌。此时众神也互相争斗，战况亦如凡间激烈。宙斯远远坐在一旁，笑着看众神对峙，雅典娜打倒阿瑞斯；赫拉夺走阿耳忒弥斯肩上的箭，用箭袋抽对方耳光；波塞冬对阿波罗冷嘲热讽，逼他出手，但太阳神不敢应战。宙斯知道此时帮助赫克托耳已无用。

特洛伊城的大门终被攻破，特洛伊人溃败，纷纷逃入城内，唯独赫克托耳站在城墙前不动如山。国王普里阿摩斯与王后赫卡柏喊他入城，但他不肯。他心想自己身为特洛伊大军统帅，如今战败是自己的错，怎能苟且偷生。现在若放下武器，送还海伦与城内半数的财富也是无用，阿喀琉斯将视他为懦夫。与其束手被杀，不如决一死战。

阿喀琉斯一鼓作气攻上前去，雅典娜在旁，而赫克托耳苦无支援。双方绕城追赶，最后雅典娜阻挡赫克托耳的去路，化为他弟弟得伊福波斯的模样，劝他应战，赫克托耳信以为真。他向阿喀琉斯喊道，若是彼此杀了对方，应将遗体交给对方的朋友。阿喀琉斯拒绝达成协议，向他掷出矛，未能射中，雅典娜帮阿喀琉斯捡回矛。赫克托耳接着掷出长矛，正中盾牌，但阿喀琉斯的盾刀枪不入。赫克托耳赶紧向得伊福波斯取矛，却不见其踪影，这才恍然大悟，是雅典娜的戏法。现在他已无路可逃，虽然神意要他死，但他不想白白死去，必得创下英雄事迹供世人流传，于是抽出唯一的剑冲向敌人。但阿喀琉斯握有雅典娜拾回的矛，还知道赫克托耳身上的盔甲哪里有缺口，便以矛通过缺口刺入对方喉咙。倒地的赫克托耳以最后一口气哀求阿喀琉斯将遗体送还给他的父母。阿喀琉斯严拒他的请求，恨不得将他生吞活剥，以补偿他对自己的伤害。此时赫克托耳的魂魄已飞离体外，奔向冥府，哀叹自己英年早逝的命运。

阿喀琉斯剥下沾满血迹的盔甲，刺穿死者的脚底，以皮带绑在马车后方，让头颅拖地，然后策马拖着赫克托耳的遗体绕行特洛伊城数圈。他终于了却复仇的心愿，他站在挚友的遗体旁，说赫克托耳尸体遭到马车拖行，并准备在挚友火葬堆旁，把赫克托耳的尸体喂狗。

奥林匹斯众神除了赫拉、雅典娜、波塞冬之外，皆不愿见他如此虐待死者。宙斯非常不悦，差遣使者伊里斯命令国王普里阿摩斯不用畏惧阿喀琉斯，马上带着大量赎金，勇敢前去赎回赫克托耳的遗体。她奉命告知普里阿摩斯，阿喀琉斯生性残暴，但他本性不坏，会善待求情之人。

年迈的国王带着特洛伊城的上等珠宝，赶赴希腊军队驻扎的平原，赫尔墨斯化为希腊少年，引领老国王通关，来到杀子仇人面前。他抱住阿喀琉斯的膝盖，亲吻他的双手，阿喀琉斯与众人感到惶恐。普里阿摩斯恳求着，让阿喀琉斯想想他与他父亲同龄，如今痛失爱子，还要向杀子之人求和，是如何的悲痛。

阿喀琉斯听完，赶紧扶起老国王，请他在旁安坐，让悲伤沉淀。然后吩咐仆人清洗赫克托耳的遗体，并换上软袍，以免普里阿摩斯看见受损的遗体而愤怒，自己又受到激怒而失控。他答应特洛伊人，举丧期间将命希腊军队停战，普里阿摩斯携子遗体返回，哀悼九天，最后将他置于火葬堆上，等他化为灰烬后，便以粉紫色的包巾裹覆，放入金色骨灰坛，并埋进墓穴。

3
特洛伊灭亡

阿喀琉斯知道赫克托耳一死，自己死期也将近，但他死前仍立下战功。埃塞俄比亚王子门农，亦为黎明女神之子，率军支援特洛伊大军。即使赫克托耳已死，希腊军仍陷入苦战，损失许多精英，包括涅斯托耳的儿子，号称飞毛腿的安提洛科斯。最后一场光荣战役，阿喀琉斯杀了门农，自己却中箭死于斯开亚城门旁。这箭是阿波罗指引帕里斯的，射中了阿喀琉斯的唯一弱点——脚后跟。忒提斯在阿喀琉斯出生时，将他浸洗于斯堤克斯河，想要使他刀枪不入，唯独手握着的脚跟没受洗，形成这个弱点。他死后由大埃阿斯扛出战场，奥德修斯负责掩护，火化后的骨灰与挚友帕特洛克罗斯同葬。

阿喀琉斯死后，那套忒提斯请火神打造的盔甲，造成了大埃阿斯之死。起因于众人集会表决奥德修斯和大埃阿斯谁有资格得到遗物，秘密投票由奥德修斯获胜。大埃阿斯恼羞成怒，决定杀害阿伽门农与墨涅拉俄斯，因为他认定他们从中搞鬼。他趁着夜幕低垂走进营区，雅典娜使他突然发疯，他以为牲畜是希腊军，便冲去砍杀，以为自己杀了某个领袖。最后还将大羊看成奥德修斯，把它拖进营帐，绑在柱上鞭打。清醒后的他感到这件事的耻辱更甚于争夺战利品败选，自觉已遭人神不容，既然生不能得尊崇，至少要死得光彩，于是拔剑自刎。希腊人不愿替自杀者火葬，改以土葬。

希腊军相继折兵损将，似乎离胜利更遥远了。先知卡尔卡斯未收到神谕，但指明特洛伊军有一名先知可预知未来，名为赫勒诺斯。奥德修斯将他掳来，得知他们若能以赫拉克勒斯的弓箭作战，特洛伊就会灭亡。当年赫拉克勒

赫克托耳之死

斯死前将弓箭送给菲罗克忒忒斯，他后来加入希腊军。前往特洛伊途中，他在利姆诺斯岛被蛇咬伤，因伤势太重，大军急于远征，便将他遗弃在岛上。

希腊人听完预言，知道亏待菲罗克忒忒斯，若要劝他交出赫拉克勒斯的弓箭想必不易，于是派遣诡诈的奥德修斯前去。奥德修斯成功说服菲罗克忒忒斯重新加入希腊军。抵达特洛伊后，军医把他的伤治好。菲罗克忒忒斯再度上战场，就以箭射伤帕里斯。帕里斯说伊达山仙子俄诺涅有万灵丹，哀求找她治伤，众人带着他去找俄诺涅，却被拒绝。因为她恼恨帕里斯昔日抛弃她，现在遇到危难才来求她，这仇恨不能一笔勾销。帕里斯最后伤重不治，她也跟着自尽。

帕里斯之死不足以造成特洛伊灭亡。希腊人耳闻特洛伊城有雅典娜圣像，能保城不破。因此奥德修斯与狄俄墨得斯前去盗取圣像。趁着月黑风高之际，奥德修斯助狄俄墨得斯翻越城墙，顺利扛回特洛伊人的守护神像，希腊人受到鼓舞，决定设法结束漫长的战争。

希腊军知道唯有大军进城才能取得胜利。他们围城已近十年，特洛伊城却始终坚固不破，只能在远方开战，如今只有设计进城，否则无法取胜，狡猾的奥德修斯于是想出木马计。他请技艺精湛的木匠制造一匹空心大木马，请将领们藏进去，而剩下的希腊人则撤营，躲在最近的岛屿，不让特洛伊人发现。若不幸计谋被识破，他们可以安全返航，但木马里的希腊人则是死路一条。除了阿喀琉斯之子涅俄普托勒摩斯，其他将领都感到恐惧。

奥德修斯的下一步计划是，将一名希腊人留在空荡荡的军营里，预先想好一套说辞，让特洛伊人毫不怀疑地将木马拖进城内。然后再趁着夜色，从木马钻出，大开城门让等在城外的大军一举进城。

某一晚，特洛伊的哨兵看见城门外有座从未见过的大木马，而向来闹哄哄的希腊军营没有动静，海中亦不见任何船只，一片寂静。唯一结论是希腊军弃战返乡，接受失败了。全特洛伊人民欢欣鼓舞，以为苦难已经结束。

人民涌至废弃的希腊军营参观阿喀琉斯、阿伽门农、奥德修斯等人的营地，最后绕至木马处，不知所措。此时被留下的希腊人西农现身，被抓到国王普里阿摩斯面前。他是位辩才，泣诉不愿再当希腊人，因为希腊人盗取圣像，触怒女神雅典娜。吓坏的希腊人急忙前往请示神谕，神谕指出，希腊人前往特洛伊时，曾献祭一名少女求取风平浪静，如今要血债血偿，另外献祭一名希腊人才能平息神怒，西农便是献祭者。希腊军撤退之前将举办仪式，他连夜遁逃，藏身沼泽地，目睹希腊军乘船归去。

特洛伊人一点儿都没有起疑，还保证将西农视为同胞。阿喀琉斯与狄俄墨得斯凭着十年战事与千艘船只苦攻不下的特洛伊，竟被奸计与虚假的眼泪所征服。西农娓娓道出编造的后半段情节，希腊人向女神雅典娜献祭木马，但担心特洛伊人将木马拖入城内，于是故意将木马造得十分高大。若是特洛伊人因无法将木马拖入城内而怒毁祭礼，雅典娜将迁怒于特洛伊人；但若将木马设置于城内，特洛伊将受到女神恩宠。厌恶特洛伊人的海神波塞冬此时又添一些细节使这说法更为真实。原来祭司拉奥孔一开始就主张摧毁木马，普里阿摩斯之女卡珊德拉也赞成，但无人愿意听从。而且在西农出现之前，她已经回王宫了，现场唯有拉奥孔与两个儿子质疑西农。这时海里突然爬出两条巨蛇，滑向拉奥孔父子身边，将他们缠绕致死后，就潜入雅典娜神殿。

此时众人认为拉奥孔父子因反对木马进城而遭受天谴，便不再迟疑，连忙大开城门，将木马拖进城内献给雅典娜，庆幸女神复施恩典，让他们得以终止战火，迎来和平。

夜里，藏身木马的希腊人纷纷跳出，悄悄打开城门，接应守在城外的希腊大军。他们进城后就放火，等到特洛伊人惊醒，四周已是一片火海。即使连忙穿上盔甲迎战，特洛伊人还是被希腊人击溃了。这不是战争，而是屠杀，许多人未能反击便已气绝身亡。距离特洛伊较远的城镇尚能集结抵抗，致使希腊人陷入困境。绝望的特洛伊人视死如归，不指望逃生，只希望能在死前多杀些人，这种精神往往能够扭转情势。机智的特洛伊人换上死去敌军的战袍，致使不少希腊人误判其为战友而丧命。

民众拆下屋顶投掷砖块攻击希腊军，国王宫殿顶塔也被拆下，压死正要撞破宫门的敌军。而其余希腊军找来木桩攻门，终于攻入王宫。王宫内部只剩老弱妇孺，阿喀琉斯之子当着老国王普里阿摩斯妻女的面将他杀了。

战斗接近尾声，许多特洛伊人开战之初便已遭到袭击身亡，人们无力抵御，除了阿佛洛狄特之子埃涅阿斯外，几乎所有特洛伊将领已在黎明前命丧沙场。埃涅阿斯与特洛伊人并肩作战，但看着眼前尸横遍野，让他忆起家中无助的亲人。特洛伊已无力回天，至少还能为亲人尽力，于是他赶回家救亲人。阿佛洛狄特掩护他前进，他带着家人冲出重围，然而妻子在失散后被杀了。除了神，谁也无力相救。

阿佛洛狄特同时拯救了海伦，送她回到墨涅拉俄斯身边，两人重修旧好，相偕返回希腊。

破晓之际，特洛伊城化为火红废墟，留下一群无助的女俘，等待主人带她们渡海为仆。其中也包括特洛伊王后赫卡柏、赫克托耳的妻子安德洛玛刻。赫卡柏绝望地蹲地，看见希腊船只准备出航，眼前城市尽毁，特洛伊不复存在，大叹自己像牲畜般被人驱逐，成为无家可归的老妇。身旁同是天涯沦落人的妇女纷纷应和，泪唱悲曲。

特洛伊的毁灭

　　希腊军派来传令官，他夺走安德洛玛刻的儿子阿提阿那克斯，安德洛玛刻知道毫无指望，幼子难逃一死，最后只能紧拥着孩子吻别。士兵杀死赫卡柏之女波吕克塞娜，又将阿提阿那克斯丢下城墙。最后的祭典完成，坐待船只的特洛伊妇女看着一切结束了。

　　　　　特洛伊大城已灭亡，徒留火红余烬，

　　　　　尘土飞扬，犹如云雾翱翔覆盖大地，

　　　　我们即将远行漂流四方，特洛伊不复存在。

　　　　　　　别了，亲爱的故国，

　　　　　　别了，孕育子嗣的故土，

　　　　　　希腊船只正等待开航。

奥德修斯历险记

特洛伊沦陷后，希腊船只返航。希腊人遇到许多灾难，也尝到他们对特洛伊人所施加的苦楚。进攻特洛伊之夜，希腊人疯狂进攻，却忘记礼敬神祇，于是向来支持他们的雅典娜与波塞冬变成了他们的大敌。

阿波罗爱上普里阿摩斯之女卡珊德拉，赐予她预知未来的能力，但她拒绝阿波罗求爱。阿波罗不能收回恩典，就惩罚她，让她的预言无人相信。所以她能预知灾难，却无法避免。她曾告诫特洛伊人，希腊人藏身于木马中，却没人相信。希腊人屠城时，她在雅典娜神殿抱住圣像，希望受到女神保护。但希腊人小埃阿斯——与已故的大埃阿斯同名的小将，看见她就大胆施暴，将她拖离圣龛。周围的希腊人竟没有阻止这种不敬的行为。女神便向波塞冬诉苦，请求协助复仇，要让希腊人返航途中，遇上狂风漩涡。

波塞冬同意了。如今特洛伊已成灰烬，他对特洛伊人的怒气已消解。希腊军返航时遇上暴风雨，阿伽门农几乎丧失所有船只，墨涅拉俄斯夫妇被吹至埃及，渎神主犯小埃阿斯则溺毙了。沉船落海的小埃阿斯本已抱住一块海中岩石逃得一命，但他嚣张大喊，说此等暴风雨不能溺死他。这般傲慢激怒神祇，波塞冬打碎他攀附的岩石，他因此跌入海中，被浪花吞噬。

奥德修斯没有死，虽然不像其他希腊人受到重惩，但他受罪时间较长，漂流九年多才抵达家门，自远征至返航历时二十个年头。

在他的家乡伊塔卡岛，情况越来越糟，除了妻子佩涅洛佩与儿子忒勒玛科斯之外，所有人都觉得他死了。人们认为她是寡妇，应能再婚，伊塔卡岛及四周岛屿的人纷纷涌来向她求婚。尽管丈夫返家希望渺茫，但她也未彻底绝望，加上母子俩厌恶求婚者。他们尽是些粗鲁、贪婪、自大的人，整天坐在奥德修斯家里大吃大喝、使唤奴仆，声称等到佩涅洛佩选定夫婿后才愿离去。母子俩难以忍受，却又无计可施。

佩涅洛佩有意让求婚者厌倦，宣布要为奥德修斯的父亲拉埃尔特斯织一件精美寿衣，织完便能改嫁，众人只好同意。日复一日，佩涅洛佩白天织，夜晚拆，距离完工遥遥无期。后来一位仆人泄密，求婚者揭穿她的计谋，其后态度越发强横、难以控制。

希腊人侮辱卡珊德拉，因此触怒了雅典娜。其实在特洛伊战争期间，她偏爱足智多谋、精明狡猾的奥德修斯，但特洛伊沦陷后，雅典娜决定一并罚他。让奥德修斯遭受暴风雨肆虐，流浪多年，有家归不得。

多年之后，除了波塞冬之外，众神都怜悯奥德修斯。雅典娜念及旧情，决意终结他的苦难。某天，波塞冬前往南方大洋洲对岸探视埃塞俄比亚人，而未能参加奥林匹斯会议，雅典娜趁机向众神提起奥德修斯近况：仙子卡吕普索将他困于一座岛屿上，对他十分殷勤却不愿放他走，可怜他思念家乡的妻儿，渴望看见家园的袅袅炊烟，成天在海边苦等船只。

雅典娜打动众神的心，让他们深觉奥德修斯不该如此凄惨。宙斯说必须想办法助他返家，若是众神都同意，波塞冬也无可奈何。宙斯答应会派遣赫尔墨斯通知卡吕普索，让奥德修斯返家。雅典娜满意宙斯所言，于是降临伊塔卡岛。

雅典娜十分喜欢奥德修斯之子忒勒玛科斯，他为人谨慎可靠。她认为在奥德修斯迷航期间，让忒勒玛科斯出门对他有益，以免成天看着无法无天的追求者生闷气。同时为打探父亲下落出航也能提高声望，人们会认为他是孝顺的青年。因此，她化为水手前去拜访忒勒玛科斯，他连忙款待客人。谈话时，忒勒玛科斯坦承家中的处境不堪，雅典娜心生愤慨，劝他打探父亲下落，还说涅斯托耳与墨涅拉俄斯可提供讯息，说完便告辞。年轻人扫除所有疑虑，满腔出门寻父的热血和决心。他对于自己的改变感到惊讶，深信刚刚见到的是神。

次日，他召开集会，道出计划，要求招揽二十名桨手与一艘好船，但他却被嘲笑，追求者要他坐在家中等待。他们边嘲笑，边大摇大摆走进奥德修斯的宫殿。忒勒玛科斯绝望地走到海边，雅典娜听见他的祈祷立即赶来，化身为忒勒玛科斯最信任的门托尔，为他打气，并准备一艘船陪他去。忒勒玛科斯不疑有他，连忙返家准备，趁入夜时出航，前往皮洛斯，他们要去找那里的国王涅斯托耳。

涅斯托耳诚挚招待忒勒玛科斯一行人，但他也没有任何奥德修斯的消息。他想当年漂流到埃及的墨涅拉俄斯或许知情，于是派遣一位认得路的儿子带忒勒玛科斯去斯巴达。忒勒玛科斯感激地接受好意，把门托尔留下来看守船只，第二天与涅斯托耳的儿子往墨涅拉俄斯的住处出发。

两人来到斯巴达一处豪宅，受到王侯般的礼遇，家仆引领他们沐浴后，为他们抹上香粉，罩上紧身衣与紫斗篷。光彩夺目的餐桌上布满佳肴，金杯盛有美酒，墨涅拉俄斯礼貌问候，招待客人尽情饮宴，两人对此盛情显得有些腼腆。后来墨涅拉俄斯提起奥德修斯的伟大与哀伤，年轻人听得热泪盈眶，拉起斗篷掩饰悲伤，此时眼尖的墨涅拉俄斯已猜出他的身份。

此时海伦走出来，侍女们相继侍候着，她立刻认出神似奥德修斯的忒勒玛科斯，并唤出他的名字。两人道出来意，希望能获悉更多有关奥德修斯的消息，不论好坏。

墨涅拉俄斯说："当年我被暴风雨送到埃及的法洛斯岛，有位仙子同情我。她说抓到海神普罗托斯，就能知道离开的方法。我趁着普罗托斯与海豹下水之际，与其他三人从事先挖好的洞穴跳出，伺机抓住海神。尽管海神变幻多端，最后还是屈服了，告诉我回家的方法，还说了奥德修斯的消息。奥德修斯被卡吕普索困于岛上，思乡心切。其他情况我也不得而知。"众人听完不禁悲从中来，想起特洛伊及种种往事，忒勒玛科斯为父哀伤。涅斯托耳的儿子则为他哥哥，即死于特洛伊城墙外的飞毛腿哥哥安提洛科斯哀悼。墨涅拉俄斯为战友哀悼，但却不知海伦此时为谁落泪。

两人当晚在斯巴达舒适地睡了一觉。

　　宙斯差遣赫尔墨斯寻找卡吕普索，赫尔墨斯脚踩金凉鞋，手握沉睡杖，飞越过海平面，乘浪而行，终于抵达目的地。奥德修斯依然在海边遥望苍茫大海。卡吕普索对于宙斯旨意感到不平，找借口说，她没有水手与船只，怎么安排奥德修斯归航？赫尔墨斯叮咛她别触怒宙斯，说完便愉快地离开了。

　　卡吕普索不悦地安排，承诺奥德修斯，会助他建造一艘坚固的木筏，满载粮食返家。奥德修斯兴奋地以二十棵干燥且浮力强的大树作为木筏，卡吕普索则装上许多粮食与饮料，还有奥德修斯独爱的美食。赫尔墨斯来访后的第五天清晨，奥德修斯乘风出海。

　　航行十七天，气象依然稳定，奥德修斯不敢合眼，第十八天，他看见海面

奥德修斯起航。

上出现云雾缥缈的山脉，相信自己已经得救。

不料，波塞冬从埃塞俄比亚返回，正巧看到奥德修斯，马上知道是众神做的。他决定要让奥德修斯再吃点苦头才能登陆，于是召唤所有暴风，海陆一时云雾蔽空，掀起高浪。奥德修斯心想此次必死无疑，木筏犹如秋天的干蓟滚过田野，随风摇摆。

名为伊诺的纤足女神，过去为底比斯公主，因怜悯奥德修斯而浮出水面，教他弃筏力游上岸，另外递给他面纱以保护他在水中不受伤害，说完便消失于浪里。

波塞冬卷来一阵大浪，冲毁木筏，奥德修斯被打入海里。虽然情况糟透了，

但最恶劣的时刻已经过去，波塞冬满意地离开，前往他处策划风雨。海神一走，雅典娜就平息风浪，尽管如此，奥德修斯仍游了两天才上岸。筋疲力尽的他没看见任何人烟。他找了一处浓密的树荫，在下方挖洞，躲进洞里，为自己铺上树叶，闻着陆地气息，不久就安然睡去。

雅典娜已为奥德修斯安排好，此地属费埃克斯人所有。这是个和善且善航海的民族，国王阿尔喀诺俄斯是位明君，王后阿瑞忒更为贤明，总是由她为他打理一切，他们有位尚未出嫁的美丽女儿。

次日清晨，公主瑙西卡想着该洗衣服了。她虽身为贵族也需帮忙处理家务，她负责家人的衣物，当时的洗濯是愉快的工作。仆人为她备妥骡车，装载脏衣，母亲阿瑞忒为她准备饮食，并备有一瓶橄榄油供一行人沐浴。她们要前往的正是奥德修斯登陆地，那里有处有活水的洗衣池，池上有处树荫，侍女们快活踩衣洗净，将衣服摊晒在海岸上。

大伙工作结束，开始沐浴、吃喝、嬉戏，直到黄昏来临准备动身回家。这时，却有一名裸身男子走出来，吓得侍女们纷纷逃开，只有瑙西卡勇敢面对这名陌生男子。奥德修斯于是向她陈情，表示遇到船难，所以连蔽体的衣服都没有。瑙西卡则和善回应，让他明白身在何方，她的父王应能款待他，说完便命侍女们协助奥德修斯沐浴更衣。要回城时，谨慎的瑙西卡请奥德修斯留步，让她们先行几步，以免让人撞见，衍生闲言闲语。她要奥德修斯直接去城中找最豪华的住宅，大胆入内求助坐在炉边纺纱的王后。

奥德修斯依循瑙西卡指示，找到国王与王后，并向他们求援。国王首先请他尽情饮宴一番，再请他安心睡上一觉，次日再跟他们说他的身份，并保证送他回家，于是奥德修斯充满喜悦地躺在柔软而温暖的床上睡去。

翌日，他向所有费埃克斯领袖道出十年流浪生涯。从离开特洛伊、遭遇暴风雨开始谈起，他的船只在海上漂流九天，第十天停泊在洛托法戈伊国，疲累与饥饿交加。当地人民十分和善，取忘忧花让他们食用，但吃过的人会逐渐失去记忆，忘记家园，只想住在这里。他只好将这些人拖上船，用链子绑住，他们还哭喊着要留下来，继续食用那美妙的花朵。

后来他们遇到独眼巨人——波吕斐摩斯，损伤众多弟兄，更糟的是得罪了波吕斐摩斯的父亲波塞冬。海神宣誓要让他失去所有部下才能返家，因此怒气未消的海神十年来始终在海上对他穷追猛打。

他们辗转到达风神埃俄罗斯统治的地方，风神受命于宙斯管理各种风。风神款待他们，将一只装有各种暴风的皮囊送给奥德修斯，但一个不知情的船员以为是黄金。好奇心驱使他将皮囊打开，一探究竟，结果暴风大作，众人漂流到莱斯特律戈涅斯食人巨人的海岛，奥德修斯的船只尚未进港便已遭到摧毁。

下一站是最大的灾难，带着绝望的心，他们来到埃埃亚岛。那里住着美丽阴险的女巫喀耳刻，每个接近她的人都被她化为牲畜，但仍保留神智，清楚自己的遭遇。她引诱奥德修斯派出的一组人进屋，将他们化为猪，囚在猪圈里，喂以橡实。化为猪身的人们清楚糟糕处境，却无法摆脱她的控制。

幸好其中有一人行事谨慎，并未进屋，目睹所有经过并飞奔回船。奥德修斯听完奋不顾身地赶去，其他人却不愿意同行。途中遇见使神赫尔墨斯，教他服用一种草药，能抵抗女巫的魔法，百毒不侵。于是奥德修斯按照神使指示前往，喝下喀耳刻的饮料，以剑逼迫她交出他的同伴。喀耳刻大惊，因为奥德修斯竟毫无变化，完全不受她的魔法影响。于是她爱上了他，更答应奥德修斯所有要求，款待他们长达一年之久。

后来他们觉得该走了，请喀耳刻运用法术告诉他们下一步怎么走。喀耳刻指点他们，必须跨越大洋河停泊在冥后珀耳塞福涅的岸上，在冥府入口宰杀羊只，再把羊血倒入一个坑。这样会引出嗜血的幽灵们，在幽灵中找到底比斯先知泰瑞西阿斯，就可以请教他如何返乡。而当幽灵出现时，必得用剑抵挡，泰瑞西阿斯自会出现。

先知终于出现，指示奥德修斯前往太阳神的牛群居住的小岛，但不能伤害圣牛，否则将引祸上身。先知还预言他们一行人将遭逢许多困难，但奥德修斯最终能平安返回故乡。

奥德修斯与海妖

　　昔日大英雄与美女的幽魂一一出现，包括阿喀琉斯与大埃阿斯等，全都渴

望与奥德修斯说话，他见幽灵簇拥而来，吓得急忙上船开航离开。

　　喀耳刻曾说他们会经过金嗓海妖塞壬的岛屿，那些海妖歌声迷人，使人忘

却所有，进而丧命。奥德修斯让水手们以蜡封耳，自己打算亲耳听听海妖勾魂

的吟唱，所以叫船员将他牢牢绑在船桅上。当奥德修斯听到歌声时，觉得歌声无比动人，挑动他心中的渴望，幸亏绳索牢牢捆住他，才让他平安度过。

接着得通过斯库拉岩与卡律布狄斯漩涡之间的通道，阿尔戈号勇士曾通过此地，前往意大利的埃涅阿斯也获得同样的预警，于是改道躲避。奥德修斯幸得雅典娜护佑，通过了这道危险的考验，但有六名同伴不幸丧命。他们一抵达太阳神的岛，奥德修斯就前往太阳神殿祈祷，其他人竟杀了圣牛充饥。太阳神遂痛惩犯恶之人，船只离岛后遭到雷击，除了奥德修斯之外，其余无一幸免。他在海上漂流数日，被浪花卷上女神卡吕普索的岛屿。他被迫滞留数年后，终于获得释放返乡，却遇到暴风雨来袭而发生船难，历经风险才抵达费埃克斯人的土地，如今是个贫苦无依的人。

奥德修斯的故事说完，听众听得入迷，一片鸦雀无声。国王承诺将备妥船只送奥德修斯返家。他满怀感激地向主人告别，载着众人相赠的礼物出海，在船上安心睡去。醒来时船已到达伊塔卡岛岸边，水手们将他送上岸，礼物排列在岸上便离开了。雅典娜乔装成牧羊人，接待奥德修斯，但他谨慎地胡编身份与来意。雅典娜微笑着露出原貌，才令奥德修斯开怀问候。雅典娜告诉他家中情况，且答应他，会扫除求婚者。而现在，她要先将他化为乞丐，隐藏身份。当晚奥德修斯与老实的牧猪人欧迈俄斯同住，女神则前去召唤忒勒玛科斯返家。欧迈俄斯见到衣衫褴褛的奥德修斯，便善意招待他过夜。

雅典娜召唤忒勒玛科斯，他立即告别海伦与墨涅拉俄斯，速速抵达伊塔卡岛后，再去欧迈俄斯住处打探消息。忒勒玛科斯请欧迈俄斯去通知母亲，禀报父亲已归来的消息。奥德修斯父子俩终于重逢，决定次日清晨返家，合力用计驱离求婚者，儿子则预先藏好武器，以备不时之需。

次日，他们先后到达王宫，奥德修斯终于在离开二十年后返抵家门。门口的老狗阿尔戈斯知道主人回来，摇了摇尾巴示意，但已无力相迎。奥德修斯见状泪已盈眶，却不敢趋前，以免欧迈俄斯生疑。就在他转身后，老狗阿尔戈斯便断气了。

　　求婚者们吃饱后正在大厅闲逛，看到进门的老乞丐，就想戏弄他。奥德修斯耐心听着他们嘲讽，有人脾气坏，忍不住对他动手。佩涅洛佩听闻消息后赶来相见，她为人谨慎，想出一个好主意，由两位侍女陪同来到大厅。众人看得意乱情迷，纷纷恭维她，但她回答自知容貌不再。她宣布夫婿显然不会回来，建议求婚者遵循追求名门淑女的礼法，并致赠厚礼求婚。众人立刻赶办礼物，送来最好的袍子、珠宝与金项链，侍女们收取礼物上楼，佩涅洛佩便离开接见受虐的老乞丐。

　　奥德修斯并未向她透露身份，谎称前往特洛伊途中曾遇见她丈夫，佩涅洛佩听了直掉泪，奥德修斯铁着一张脸。她派老保姆欧律克勒亚前来为陌生人洗脚，老保姆认出奥德修斯脚上的疤痕，他只得请她保守秘密，老保姆答应了。焦虑的奥德修斯彻夜难眠。

　　一大早，求婚者再度回来，却不知道雅典娜与奥德修斯早已设下鸿门宴。

　　佩涅洛佩想到一个妙计，无意促成他们的计划。她拿出奥德修斯昔日使用的弓箭，扬言会嫁给能拉动弓箭并一箭射穿十二圆环者，但无人达到这项要求。

　　奥德修斯眼见没有人办到这项使命，便走到庭院，示出脚上疤痕并表明身份，欧迈俄斯与牧牛者认出主人，兴奋得落泪。奥德修斯示意他们冷静，吩咐两人各自关紧女眷区与宫殿的大门，并要欧迈俄斯设法把箭交给他。他回到比武大厅，表示要试射。众人怒称乞丐不得碰弓，但忒勒玛科斯吩咐欧迈俄斯将弓递给老乞丐。奥德修斯接过弓箭，轻松拉弓射穿十二圆环。下一刻他再射出一箭，一个求婚者倒地死亡。其余求婚者来不及反应，遍寻不着武器，只听见弓箭不断射出的呼啸声，求婚者无处可逃，只能逐一落得头破血流的命运，最后剩下祭司与吟游诗人，两人跪地哭着求饶，奥德修斯不敢杀害具有天赋才华之人，唯独留下诗人性命，让他继续吟诗。

　　一场屠杀落幕，侍者们奉命前去清理大厅，并欢欣鼓舞地围绕在奥德修斯身旁，欢迎他归来，老保姆欧律克勒亚上楼唤醒正在酣睡的女主人，佩涅洛佩依然不敢相信，连忙下楼探个明白。

　　一位高大、貌似王侯的男人坐在炉边，她静静地坐在对面望着他，心里感到疑惑。此人教她时而感到熟悉，时而感到陌生，儿子对她的冷淡感到不解。她说若他真是奥德修斯，两人自有相认的办法。奥德修斯听了不觉莞尔，要求儿子别打扰她，不久两人便能重修旧好。整顿后的大厅充满欢乐气氛，吟游诗人奏起竖琴，唤起众人舞兴，大伙热烈地踩着舞步，庆祝漂流许久的奥德修斯终于归来。

佩涅洛佩和求婚者们

埃涅阿斯
历险记

1
第一部
自特洛伊至意大利

埃涅阿斯是维纳斯的儿子，也是特洛伊战争有名的英雄，地位仅次于赫克托耳。希腊军攻破特洛伊后，在维纳斯协助之下，他带着父亲与儿子出海，乘船觅得新居所。

在海上漂流许久，通过无数考验后，他终于航抵意大利。在那里击败阻止他入境的人，娶得公主并建立城邦。他被视为罗马开国始祖，因为历史上建立罗马的罗慕路斯与雷慕斯便生于阿尔巴隆加，阿尔巴隆加是埃涅阿斯的儿子所建。

当埃涅阿斯离开特洛伊时，许多特洛伊人追随他，想另寻安身立命之地，但他们总是因厄运而不得不离开。最后，梦兆指示他们前往西方的意大利，当时名为艾斯佩利亚，意为西乡。正在克里特岛的他们，尽管必须远渡重洋，但因确信能建立自己的家园，于是立即动身前往，历时许久才抵达目的地。

昔日阿尔戈号从希腊东行，今日埃涅阿斯从克里特西行，同样遇到人面鸟身兽哈耳庇厄，特洛伊人不如希腊人骁勇善战，连忙开船逃走。

维纳斯

他们在下一站时，遇见赫克托耳遗孀安德洛玛刻。特洛伊沦亡后，她被送给阿喀琉斯的儿子涅俄普托勒摩斯（又称皮尔荷斯），他就是杀死特洛伊国王普里阿摩斯的人。后来他遗弃安德洛玛刻，另娶海伦之女赫耳弥俄涅，但他不久就死了。安德洛玛刻则改嫁给特洛伊先知赫勒诺斯，如今统治此国。两人很欢迎埃涅阿斯与同伴到来。埃涅阿斯一行人受到热诚招待，赫勒诺斯在他们动身前给予实用的忠告，奉劝众人切勿停泊于全是希腊人的意大利东岸。他们命定的家园在西北岸，应避免经由西西里岛与意大利之间的海域北行，那里有斯库拉岩与卡律布狄斯漩涡作怪，须改由南方绕去西西里岛，以避免被卷入危险的漩涡。

埃涅阿斯一行人深信不疑，按照指示航行。然而赫勒诺斯却不知西西里南端住着独眼巨人，幸亏有个人仓皇跑到埃涅阿斯的营帐警告他。这个衣衫褴褛的人说他是奥德修斯的部下，当年无意间被留在波吕斐摩斯的洞里，从此野居山林，生怕独眼巨人来袭。他催促埃涅阿斯赶快离开，他们离去时险些被一名在岸边清洗眼窝的盲眼巨人抓住。

逃过一劫后，他们绕行西西里岛时遇到前所未见的暴风雨，再度遭逢更大的灾难，此时浪如天高，显然非比寻常。事实上，这是天后朱诺在背后做的好事。

朱诺痛恨特洛伊人，记恨帕里斯的审判。她也很讨厌埃涅阿斯，因为埃涅阿斯的后裔将建立罗马帝国，而罗马帝国将摧毁她心爱的迦太基城邦，于是她想让埃涅阿斯丧命。她去找曾协助奥德修斯的风神埃俄罗斯，许诺把美丽的仙子嫁给他，请他淹没特洛伊人的船只。那场暴风雨就是这样来的，所幸海神波塞冬及时出面。波塞冬谨慎得不向她提起一个字，只是悄悄地斥责埃俄罗斯一番，然后让大海恢复平静，让特洛伊人靠岸。最后船只停泊于北非海岸——他们是一路从西西里岛被吹扫过来的。

迦太基由狄多女王建立，在她统治下成为繁华之都。她是个美丽的寡妇，埃涅阿斯离开特洛伊那晚便已丧妻，朱诺打算设计两人坠入爱河，让埃涅阿斯与狄多定居该地，改变前往意大利的主意。维纳斯怀疑朱诺不怀好意，决定干预两人恋曲，她乐见狄多爱上埃涅阿斯，但让埃涅阿斯对狄多的感情转瞬即逝。她要埃涅阿斯接受狄多的好意，待时机成熟再依计前往意大利。然后维纳斯泪眼汪汪地赶赴奥林匹斯，请求朱庇特协助埃涅阿斯，人神之父应允埃涅阿斯后裔将成为罗马建国人物，势必建立强大的帝国。

维纳斯这才安心离去，为了确保万无一失，她又转身求助儿子丘比特。由于狄多向来以不动情闻名，邻近国王纷纷前来求婚皆无功而返。所以维纳斯找上丘比特，丘比特答应让狄多对埃涅阿斯一见钟情。维纳斯则安排两人相会。

登陆次日，埃涅阿斯与挚友阿卡特斯离开其他可怜的伙伴，打探身处何地，并鼓励众人打起精神，驱离恐惧。维纳斯化身为女猎人，指示两人向迦太基女王求助。女神用浓雾保护他们，一路穿越繁华街道，抵达偌大神殿前。他

埃涅阿斯与狄多

们凝望着华美建筑墙上的壮观壁画，上面记载着特洛伊历史以及敌友容貌：阿特柔斯家族子嗣、老国王普里阿摩斯、赫克托耳等。

此时如狄安娜般迷人的狄多女王带着大批随从前来。浓雾散去，现出媲美阿波罗的埃涅阿斯。他向女王坦承身份，女王亲切款待了他，并欢迎他的同伴进城。狄多曾遭受哥哥谋杀，便与几名朋友逃至非洲，因此对于这些无家可归之人的经历感同身受。

夜晚，埃涅阿斯在宴席间滔滔不绝地道尽所有遭遇。就算没有神的帮助，狄多也会臣服于他的英勇事迹与口才，但有丘比特出面干预，她更是毫无选择余地。

狄多对埃涅阿斯倾心不已，愿意与他共享一切尊荣，而埃涅阿斯似乎也对狄多报以深情，使得狄多沉浸在爱情的喜悦里，更让迦太基人同样奉他为统治者，其同伴也受到荣宠。埃涅阿斯则安然接受她的馈赠与爱慕，享尽荣华富贵。

航行至意大利的念头逐渐淡化，朱诺乐见事情的发展。维纳斯却不担心，她相信朱庇特会想办法让埃涅阿斯前往意大利，不受狄多的影响。朱庇特的确十分有效率，他差遣赫尔墨斯捎讯息给埃涅阿斯。神使看见大英雄身着狄多女王致赠的华服散步，便用重话责问他，还要安逸度日、耗费时光多久。接着神使上前传达朱庇特命令，派他前往寻找命定的国度，说完便消失了。埃涅阿斯既是惊恐，又是激动，他决定服从神的指示，却又想到狄多恐怕难以承受。

埃涅阿斯立即秘密召集伙伴整装待发，狄多知情后伤心不已，落泪哀求他留下。他说他不否认她的恩情，也不会忘记她。但换角度看，两人未有婚约，他大可随时离去，何况天帝朱庇特已经下令，他不得不服从。

狄多女王控诉当初饥寒交迫的他前来求援，她慷慨奉献所有，他却回报无情。但埃涅阿斯依然不为所动，狄多黯然失声，匆匆离开。

那晚特洛伊人出航，埃涅阿斯回头望见火光照亮城墙，一时火焰升起，逐渐趋弱，却不知是何缘故。原来他在不知情的情况下目睹了狄多的火葬仪式，当时狄多见他离去便自尽身亡了。

从迦太基至意大利的航程比起过去轻松许多，但接近海上冒险尾声时，可靠的舵手帕里努鲁斯溺毙，造成重大损失。

埃涅阿斯听取先知赫勒诺斯的叮咛，一抵达意大利，立即去找库迈的女先知。女先知说他们必须去找埃涅阿斯的父亲安喀塞斯，他在之前的那场暴风雨前已去世了。她警告他此行并非易事，地狱门随时敞开，但要回到阳间可得费劲。只要他下定决心，她便与之同行。出发之前，必先取得金树枝，以便进入冥府，挚友阿卡特斯陪伴他前往森林寻找。这时他们瞥见维纳斯的圣鸽，于是跟着圣鸽走到黑臭的阿维尔努斯湖，那里有通往冥府的洞口。圣鸽飞上树梢，树叶之间微微绽放金光，想必此即金树枝，埃涅阿斯乐得采下，返回女先知处所，两人立即踏上冥府之旅。

在埃涅阿斯之前的许多大英雄也曾踏上此路，但都不觉特别骇人。众幽灵吓不倒奥德修斯，而忒修斯、赫拉克勒斯、俄耳甫斯、波吕克斯显然也并未遭遇大难题。连胆小的普赛克也独自下过冥界，取回维纳斯的美丽秘方，而且还喂了三头地狱犬一块蛋糕，但埃涅阿斯却遇见层出不穷的恐怖事件。女先知在深夜出发前，在阿维尔努斯湖畔杀了四头黑阉牛，将牲礼置上炽烈的祭台，献给黑夜女神。这时大地震动，远方传来犬吠声，女先知提醒埃涅阿斯鼓起勇气冲进洞口。两人走在鬼影幢幢的路上，两旁充满恐怖的形象：苍白的"疾病"、恼人的"忧愁"、劝人犯罪的"饥渴"等群祸，还有掌控死亡的"战争"、血迹斑斑的蛇发"倾轧"，以及许多人类的灾难。他们平静走过，抵达阿刻戎河与科塞特斯河交汇口，看见一幅悲凄景象。河边众多犹如初冬落叶的幽灵，正等待摆渡船夫卡戎载他们到达彼岸，但卡戎不愿接载未正式下葬的亡魂，他们注定漫无目的地漂荡下去，永无停歇之处。

卡戎原本要阻止两人上船，但见两人怀有金枝，便通融载他们前往彼岸。地狱犬吃下女先知给的蛋糕，也不再阻挡他们，于是他们快速通过欧罗巴之子米诺斯审判亡魂的神圣界域，来到情场失意自杀者的哀伤之地。这里四处长着桃金娘树丛，虽然哀伤但仍迷人。埃涅阿斯突然看见狄多，不禁上前落泪问候，但她冷若冰霜，不发一语，随后便消失了。

最后他们到达一条岔路，左边的路传来呻吟、重击、镣铐撞击声，埃涅阿斯吓得停下。女先知要他将金枝挂在面对岔路的墙上，她说左边路通往的地方由欧罗巴的另一个儿子拉达曼提斯统治，专门惩治作奸犯科者；右边的路则是通往极乐世界，他在那里可找到父亲。这里放眼望去尽是怡人景色，是一处充满平静安详的居处。埃涅阿斯很快地认出父亲，安喀塞斯欢喜地向他招呼，父子俩阴阳两隔却在此意外重逢，都喜极而泣。

安喀塞斯领着埃涅阿斯走到遗忘河，再度投生凡间的亡魂都必须饮下河水，一饮永遗忘。他向埃涅阿斯指出未来即将成为他们后世子孙的亡魂，现正等待时机饮下遗忘河水，忘记前世的作为与痛苦。未来为数众多的罗马人将成为世界的主宰。安喀塞斯一一指出他们未来流传后世的事迹，最后指引埃涅阿斯如何在意大利建立家园，如何避免或忍受眼前的危难。

他们平静告别，知道这是短暂的离别，埃涅阿斯与女先知返回阳世。翌日特洛伊人沿意大利海岸航行，继续寻觅他们的净土。

埃涅阿斯与女先知

3
第三部
意大利战争

天后朱诺再度对这些冒险者施以严峻的考验，她怂恿当地颇具势力的拉丁姆人与罗图勒人反对特洛伊人在此定居。年迈的拉提努斯是萨图恩的曾孙，其亡父法乌努斯曾告诉他，不能将女儿拉维尼亚嫁给当地拉丁姆人，要嫁给即将到来的异乡人。这桩婚姻繁衍的后人将统治全世界的种族。埃涅阿斯派使者求援，老国王拉提努斯欢喜地接待他们，认定埃涅阿斯即是法乌努斯所预言的女婿，准备将女儿嫁给异乡人埃涅阿斯。

天后朱诺此时干预，召唤复仇女神当中的阿勒克托前来发动战争。她怂恿王后阿玛塔反对女儿与埃涅阿斯的婚事，接着去找罗图勒国王图尔努斯，因为他是拉维尼亚的追求者中最有希望的。得知情敌出现的图尔努斯怒不可遏，大肆反对特洛伊人。他马上领兵前往拉丁姆城，企图以武力制止拉丁姆人与异乡人联姻。

阿勒克托再度设计阴谋，让埃涅阿斯的儿子阿斯卡尼俄斯狩猎时，以箭射伤某位拉丁姆农夫心爱的公鹿。阿勒克托散播消息，激怒所有爱鹿的乡民，愤怒的农夫要取阿斯卡尼俄斯的性命，特洛伊人则奋起保护他。

图尔努斯抵达拉丁姆城并驻扎的消息传出，加上王后怒意难消，国王拉提努斯索性闭宫不见，放任一切事情发展。

按照当地惯例：如果发生战争，原本紧闭双门的雅努斯神殿，在号角响起与战士叫嚣声中，国王必须将门开启。但此时国王闭居不见，自然没有神圣仪式。此时天后朱诺亲手推开神殿大门，人民看见所有战备，兴奋地鼓舞骚动，骄傲地迎接此战。

强盛的拉丁姆人与图尔努斯联盟对抗特洛伊人，图尔

伏尔甘给维纳斯看为埃涅阿斯打造的兵器。

努斯与墨赞提乌斯皆属骁勇善战之人，后者生性残忍，手下的伊特鲁里亚人因无法忍受而群起叛变，他只好投靠图尔努斯。第三位盟军为女性领袖卡米拉，她自幼习得各项战技，精通各种武器，热爱狩猎、战争与自由，追随她的人不乏少女。

特洛伊军扎营地附近有一条台伯河，河神托梦给埃涅阿斯，指示他们到上游去找国王厄凡德尔，虽然他统治的是贫困小城，但未来势必成为世上最富之都。埃涅阿斯依言前往，国王与王子帕拉斯热烈欢迎他们，为他们指出塔尔普拉亚岩位置，说明附近为天帝圣山，现今堆满乱石，但未来将建立金碧辉煌的朱庇特神殿。眼前牛羊遍野，但将来会成为世界集会地——罗马广场。国王道出此地昔日原为野蛮人驻地，后来萨图恩被朱庇特赶出天界，流浪至此，助人抛除野蛮无序的生活，其治事公正平和，形成"黄金时代"。然而淘金热与战乱驱走正义祥和。"在命运把我带来这里之前，这里受到暴君统治，我是从希腊阿卡迪亚流亡到这里的。"

老国王为新国家取名为阿卡迪亚，虽与故国名字相同，但国力薄弱，帮不上埃涅阿斯的忙。老国王建议埃涅阿斯求助对岸强大的伊特鲁里亚人，因为他们痛恨的前暴君墨赞提乌斯现今投靠图尔努斯，若一旦发动战争，伊特鲁里亚人势必支持埃涅阿斯，好将当初弃逃的墨赞提乌斯捉回接受应有惩罚。而老国王让他们尽快前去求援，并派遣儿子帕拉斯与阿卡迪亚骑兵一同参战，由特洛伊英雄指挥，还送给每人一匹战马。

图尔努斯盟军趁领袖与战士们出外求援时大举入侵，特洛伊军只能凭借土筑防御工事抵抗，并按照埃涅阿斯临行前的吩咐，按兵不动。但敌我人数悬殊，他们被大军层层包围，若是无法及时向埃涅阿斯禀告，只怕前景堪忧。

这时特洛伊军有两个人决定突围，他们是老将尼苏斯与新兵欧吕阿鲁斯。两人同样果敢并热衷于英勇战斗，他们惯于并肩作战，形影不离。尼苏斯隔着壁垒望见敌军幽微的灯火，众人似乎都睡着了，一片寂静。他把主意告诉欧吕阿鲁斯，却没料想欧吕阿鲁斯也有意愿前往。尼苏斯不愿年轻人冒险，却拗不过欧吕阿鲁斯的决心，只得忧愁地答应他。

此时特洛伊领袖正在召开会议，两人趁机表明计划，获得了同意。特洛伊王子们纷纷哽咽落泪，愿意重酬答谢。阿斯卡尼俄斯答应欧吕阿鲁斯，会好好替他孝敬母亲，并将随身宝剑让他带去。

两人于是钻进敌营，四周兵士皆已沉睡，尼苏斯打算清出一条道路，让伙伴把风，他们动作熟练得让对方来不及呼救便已断气。后来两人联手暗杀到敌营尽头，两旁满是死尸，却耽误了时间。天亮时，拉丁姆骑兵看见欧吕阿鲁斯的闪亮头盔，知是敌军，便团团包围林子。两位好友匆忙间失散，欧吕阿鲁斯走错路，尼苏斯连忙回头寻人，发现伙伴陷入敌军重围。尼苏斯未被敌军发现，但宁死也不愿扔下伙伴离去。欧吕阿鲁斯则独自以飞矛接连打倒敌方骑兵，正待骑兵队长准备杀死欧吕阿鲁斯之际，尼苏斯冲出代为受死，但敌剑已刺中少年胸膛，让他倒地死去。尼苏斯趁势砍倒杀他的人，其后也被乱箭射中，倒地而死。

埃涅阿斯及时领军回来救援，双方展开厮杀，其后便是人们互相屠杀的过程。无数英雄丧命，战斗接连不断。最终特洛伊的敌人全数被歼灭，卡米拉赞扬自己一番后死去，而邪恶的墨赞提乌斯死前，看着儿子为了捍卫他而死。许多盟军也都战死沙场，包括厄凡德尔国王的儿子帕拉斯。

最后埃涅阿斯与图尔努斯单独决斗，此时的埃涅阿斯与故事一开始判若两人，过去的他，与赫克托耳、阿喀琉斯同样富有人情味，现在却变得非常可怕。他曾背父携子远离特洛伊战火，抵达迦太基后仍能知晓同情的滋味，身着华服在狄多宫殿内散步时亦富有人性，但到了拉丁姆战场，他成为可怕的奇才，犹如阿索斯山般壮大，又像百手怪物在战场上宣泄怒火。图尔努斯在最后一役对抗埃涅阿斯，犹如对付闪电或地震般只落得徒劳无功。

后来埃涅阿斯娶拉维尼亚为妻，奠定罗马民族的基础。

PART
6

A N C I E N T

神话中的
家族王室

阿特柔斯家族

阿特柔斯家族是最有名的神话家族之一。率领希腊军攻打特洛伊的阿伽门农便属于这个家族，其妻克吕泰涅斯特拉、其子俄瑞斯忒斯、其女伊菲革尼亚、厄勒克特拉都享有盛名。其弟墨涅拉俄斯为海伦夫婿，特洛伊战争便是因海伦而起。

这个家族厄运连连，这源于祖先吕底亚国王坦塔罗斯，他犯下种种恶行而招致惩罚。后代子孙在他死后继续作恶，同样被罚，诅咒始终缠绕着这个家族，使得他们不由自主地犯罪，死后还会殃及无辜。

1
坦塔罗斯与尼俄柏

宙斯所有凡间子女之中，最受众神宠爱的是坦塔罗斯，唯独他能享用仙馔，众神甚至下凡与他共进飨宴，但他回报的方式令人难以置信。坦塔罗斯犯下一件恶行，他杀害独子珀罗普斯，烹煮其肉奉献给神。显然他对众神深恶痛绝，以致设计使众神犯下食人重罪。或许他想要以最为震慑的方式显示受人崇敬的众神是多么容易受骗。他狂妄自大，蔑视众神，不料众神早已知情。

众神离开可怕的宴席，惩罚罪犯。众神要让世人知道坦塔罗斯所受的惩罚，让任何人都不敢再亵渎神明。他们将坦塔罗斯置于冥府的一个大池中，每当他口渴难耐，却无法触及水面，因为一弯身，水池便瞬间干涸；当他起身后，水池复又满溢。水池边的果树长满洋梨、番石榴、红苹果、无花果等，每回他伸手攀摘，风就会将水果吹到他够不着的地方。他一直这样站着，永远饥渴，不得饱足。

众神使珀罗普斯复活，传说女神德墨忒尔或忒提斯不经意吃下这可怕食物，因此众神将少年的四肢拼合时独缺一个肩膀，便以象牙铸成。这桩故事似乎传自早期野蛮时期，未经修饰，希腊人不愿接受而加以驳斥。

不论真相为何，珀罗普斯后半生幸福，也是坦塔罗斯子嗣中唯一的幸运儿。他的婚姻幸福，但其妻希波达弥亚婚前害得不少人丧命。不过这不是她的错，而是起因于希波达弥亚的父亲。他要求婚者必须跟他赛车，若是输了便得赔命。国王拥有战神阿瑞斯的神驹，当然会赢，许多求婚者因此接连丧命。而珀罗普斯有海神波塞冬的神驹，最后获胜。有则故事则说，珀罗普斯得胜关键在于希波达弥亚，她或许是爱上了珀罗普斯，或许是觉得不能让残忍的赛事继续，于是贿赂国王车夫迈提勒斯，取下闩着车轮的车栓，导致马车摔得粉碎。珀罗普斯获胜后竟杀了迈提勒斯，亡者诅咒他，此为家族厄运的祸端。但多数人认为这应是坦塔罗斯恶行祸及子孙，较为合理。

坦塔罗斯的后代中，女儿尼俄柏命运最为悲惨。众神初期待她等同珀罗普斯。她婚姻幸福，丈夫为宙斯之子安菲翁。安菲翁是优秀音乐家，他与孪生兄弟泽托斯共建底比斯防御工事。泽托斯体力过人，蔑视安菲翁独爱艺术而忽略了男性运动。不过，在搬石筑墙时，温和音乐家却胜过强健运动员，他奏出迷人的竖琴乐音，石头自动滚动，跟随他前往底比斯。

安菲翁与尼俄柏统治底比斯，后来尼俄柏展现了与她父亲一样的傲慢，自觉凌驾众神。她出身富有而出身高贵，生育七儿七女，儿俊女美。她不但敢像父亲那样欺神，甚至公开渎神。

她召唤底比斯人民膜拜她，嘲讽勒托女神出身与生育能力皆不如她，人神更是无法伤害她，众人必须从此改奉她为神。

这种出言不逊总会上达天听，遭到天谴。阿波罗与阿耳忒弥斯从奥林匹斯火速赶赴底比斯，射杀尼俄柏的所有子女。尼俄柏见状悲痛得无法言语，年轻力壮的孩子如今化为冰冷尸体，一一倒卧在旁，让她瞬间心冷如石，无法动弹，只能泪流不止，最后化为落泪的石头。

珀罗普斯有两子，名为阿特柔斯与梯厄斯忒斯，他们承传了家族恶风。梯厄斯忒斯爱上嫂嫂，使她背叛婚誓。阿特柔斯发现后，发誓让梯厄斯忒斯付出惨痛代价，他将两名侄子肢解，烹煮为食，然后端给孩子的父亲吃。当梯厄斯忒斯吞下后，才告知他事实。梯厄斯忒斯惊呼退后并吐出人肉，并诅咒此屋，餐桌应声碎裂。

阿特柔斯为国王，梯厄斯忒斯并无权力惩治他，而阿特柔斯生前虽未遭报应，却祸延子孙。

2

阿伽门农
与其子女

阿特柔斯的两个儿子，一为征战特洛伊的希腊大军总指挥官阿伽门农，另一为海伦夫婿墨涅拉俄斯，两人境遇全然不同。墨涅拉俄斯早年成就不大，晚年享有荣华。他曾经失去爱妻，特洛伊战后，海伦回到他身边。他的船只被雅典娜的怪风吹至埃及，最后安然归乡，此后与海伦幸福度日。阿伽门农的命运迥然不同。

特洛伊战争后，暴风雨夺走多人性命，阿伽门农的船只平安脱险，历尽险难才得以回到故里。他成为征服特洛伊的英雄，人们欢迎他归来。迎接群众中，有人面带焦虑，流传不祥的话，认为阿伽门农迟早会遭遇不幸。

长老们聚集在宫中向国王致敬，也一副苦恼模样。他们低声讨论往事，回忆当年伊菲革尼亚献祭的情景。阿伽门农当时顺从希腊大军的请求，将女儿送上祭台，这是因为家族恶风所衍生的苦果，长老们深知这个家族受到诅咒。

伊菲革尼亚死后十年，怨气未散。长老们明白种种血罪将招致恶性循环，但他们仍怀抱希望，认为罪恶一时不会真正成形，然而内心深处知道宫中已有人酝酿复仇，等待着阿伽门农。王后克吕泰涅斯特拉在奥里斯目睹爱女死亡那一刻起，便计划返乡复仇。她没有为丈夫守贞，大家都知道她另结新欢，也知道她在阿伽门农归来时并未将新欢遣走。此时不知宫里暗藏何等玄机，众人正心生狐疑与恐惧时，国王座车在喧闹声中驶进庭院，他身旁带着一位美丽的陌生少女，王后开门，现身迎接。

国王下车祈祷愿胜利永远与自己同在，王后则趋前热切迎接，在众人面前表达对夫婿的爱意与远征期间的哀伤。阿伽门农冷淡以对，只说车上女子为普里阿摩斯国王之女卡珊德拉，吩咐王后仔细照料这名女俘虏。其后两人双双进宫，宫门深锁。

长老们忧虑不安地在宫门外等待，开始对卡珊德拉感到好奇。传说她是位女先知，却没人相信她的预言。她惊慌地望着他们，极欲知道身在何处，众人回答这是阿特柔斯之子的住处。她惊呼此屋受到天谴，人们将遭到杀害，满地鲜血。长老们惊恐得互使眼色，这名异国人怎会知道往事？卡珊德拉惊叫，说她听见有人哭诉父亲食子，这是梯厄斯忒斯惨案。她继续娓娓道来，似乎目睹所有血案。她从过去讲到未来，并预言当天将出两条人命，她是其一。她向宫殿里走，众人无法阻拦她进入不祥宫殿。不久传来国王尖叫声，长老们又惊又疑，苦无对策，只得破门而入，发现王后全身沾满血迹站在门槛上，态度从容。她向众人宣布亲手弑夫，在她眼中，自己是位行刑者而非谋杀犯，她惩罚了杀女罪犯。

她的情夫站在身旁，他是梯厄斯忒斯的儿子埃癸斯托斯，生于父亲被欺骗食人的宴会后。当年阿特柔斯杀死侄儿未受报应，如今埃癸斯托斯向阿特柔斯的儿子阿伽门农报仇。王后与情夫应知以暴制暴不能终止恶行，但两人并未考虑这桩血案将招致的恶果。王后另有一双儿女，即俄瑞斯忒斯与厄勒克特拉。案发当时，俄瑞斯忒斯并不在场，否则也会被埃癸斯托斯杀死。而厄勒克特拉虽保住性命，却被埃癸斯托斯百般折磨。在克吕泰涅斯特拉与埃癸斯托斯当政的岁月里，厄勒克特拉一直思索如何复仇。

俄瑞斯忒斯长大后，比厄勒克特拉更清楚情势。儿子有责为父复仇，但弑母会导致人神共愤。他想要行正道，就必须选择背叛父亲或弑母。为解除疑虑，他前往德尔菲神殿请示神谕，阿波罗告诉他，杀了那两名刽子手，血债血偿。

俄瑞斯忒斯知道逃不过家族的诅咒，决定复仇后以死谢罪。他与表兄弟兼挚友皮拉德斯一同返家，守候已久的厄勒克特拉终于盼回弟弟。她到父亲坟前许愿时，俄瑞斯忒斯出现在她身旁，并出示当年她亲手做的斗篷为证，其实他形貌酷肖阿伽门农，因此不需证明身份。厄勒克特拉向他倾诉多年的悲惨岁月，但他并未回应，一心思索眼前面临的问题，于是道出心事，即阿波罗的恐怖神谕。他颤声说道，神命他告慰亡魂，否则终生不得安身立命，孤单至死。

三人拟定计划，由俄瑞斯忒斯与皮拉德斯假扮成信差，进宫谎报俄瑞斯忒斯的死讯，向来忌子寻仇的王后与情夫想必乐见信差，两人就可趁其不备拔出预藏的剑趋前攻击。

两人顺利进宫，厄勒克特拉在外头等候，这是她最难受的一段时间。王后克吕泰涅斯特拉缓缓走出，突然有位奴隶冲出，高喊有人谋反，说俄瑞斯忒斯还活着。王后差奴隶取来战斧，她决定反抗求生，但拿到武器后却又改变主意，因为她看见有人拿着沾满血迹的剑走出，明白儿子已杀了她的情夫。她想到比战斧更好的保命方法，她动之以情，哀求儿子念及哺育之恩饶过她。皮拉德斯提醒好友，太阳神阿波罗的命令不可违抗，俄瑞斯忒斯决定服从神旨，示意克吕泰涅斯特拉随他入屋。她心知儿子决意动手，只得放弃抵抗。

俄瑞斯忒斯再次走出来，院子里的众人都知道他做了什么，俄瑞斯忒斯结巴地说自己杀死该死的情夫无罪，杀死母亲也有理由，因为邪恶的她杀死父亲，应受到天谴。

他的目光盯着看不见的怪影，喊叫说看见一群黑衣蛇发女子，众人赶紧安慰他是幻觉。他叫着说，母亲派她们围绕着他，她们眼里泛着血光。后来他冲出去，这些无形幻影从此跟随着他。

他在多年后再度回到故国。他流浪多地，被恐怖幻影追逐着，显得神情憔悴，但他体悟到：没有不可补偿的罪孽，即使是他的弑亲血罪也能获得净化。他流浪到雅典，阿波罗要他向雅典娜陈情，他充满信心，有意赎罪者不可能遭到拒绝，加上多年流浪与磨难，使他的血罪越来越淡，他相信此时已获得净化。

女神听他陈情，阿波罗则称俄瑞斯忒斯是遵照他的命令而弑母，愿为他负责。始终紧跟在后的复仇女神齐声抗议。俄瑞斯忒斯平静听完抗议，并向神忏悔："是我弑母，我才是有罪的人，阿波罗无罪。"阿特柔斯家族没有人说过这些话，这家的杀人犯从未因为受罪而力图洗清罪孽。雅典娜接受请求，并劝复仇女神也接受。这是新的法则，制定新的宽恕法则后，复仇女神转变为慈悲的陈情者保护神，俄瑞斯忒斯当庭释放。长久以来的家族邪恶精神也被驱逐，他与子孙不再遭到过去不可抗拒的邪恶力量驱使，阿特柔斯家族的恶咒从此解除。

底比斯王室

1
卡德摩斯与子女

　　欧罗巴被公牛带走后，她父亲派两个哥哥去找她，还说若是没有找到则不许回国。哥哥卡德摩斯直接前往德尔菲神殿请示，阿波罗指示他自立门户，在走出神殿后，要跟随一头小母牛，在它躺下休息之处建立城邦。于是底比斯王室由此建立，周遭地方名为彼奥提亚，意为小母牛之地。在建立城邦的过程中，他要先杀了守泉的恶龙，因为凭他一己之力无法建城，而这条恶龙杀害那些前去取水的同伴。屠龙之后，他依照雅典娜指示播种龙齿，田里竟冒出许多武士，他们互相残杀，最后剩下五个人，成卡德摩斯的左右手。

　　卡德摩斯得此五名助手，建立了光辉灿烂的底比斯城。他的妻子是战神与阿佛洛狄特的女儿哈尔摩尼亚。众神到场祝贺他们的婚礼，阿佛洛狄特将火神赫菲斯托斯打造的项链送给哈尔摩尼亚，却为后代子嗣带来灾祸，所有持有过项链的人都遭逢不幸。

　　卡德摩斯与哈尔摩尼亚育有四女一子，其子女命运乖舛，证明神恩无常。塞墨勒为酒神狄奥尼索斯之母，看见宙斯光芒而死。伊诺是个坏继母，继子就是受到金羊解救的佛里克索斯；她的亲生儿子被丈夫所杀，她抱着儿子的尸体跳海，被神解救，两人成为海神。奥德修斯的木筏被打散后，就是伊诺救了他。阿高厄是最悲惨的母亲，她受到酒神驱使，认为儿子彭透斯为一头猛狮，亲手杀子。奥托诺的儿子阿克特翁是猎人，她的痛苦是痛失爱子，尤其他未犯错，却英年早逝。

阿克特翁狩猎后，因为燥热饥渴，打算走进洞里的池塘泡澡。不料这是女神阿耳忒弥斯的圣池，他因为撞见池边赤裸的女神而触怒神颜。女神愤而甩出手上水珠，将他化为一头公鹿。他不只外表变成鹿，人心亦化为鹿心，昔日的无畏化为恐惧，向外逃跑。猎犬见他便追，他即使疾奔仍无法摆脱嗅觉灵敏的猎犬，最后被自己忠实的狗群扑倒撕咬而死。

而卡德摩斯与哈尔摩尼亚享尽荣华，晚年却为子孙伤忧。彭透斯惨死后，他们逃到底比斯躲避厄运，但厄运紧紧相随。他们抵达远方的伊利里亚后，众神将他们化为巨蛇，但这并非处罚。他们的命运说明不仅犯罪者会受惩吃苦，无辜者的苦难并不亚于犯罪者。

在这不幸家族之中，最无辜者非卡德摩斯玄孙俄狄浦斯莫属。

阿克特翁与狄安娜（阿耳忒弥斯）

2
俄狄浦斯

底比斯国王拉伊俄斯为卡德摩斯第三代孙子。他娶了远房表亲伊俄卡斯忒。他们在位期间，德尔菲神殿的阿波罗神谕主导了整个家族命运。

阿波罗乃真理之神，德尔菲神殿女祭司所言都将成真，无可避免。神谕警告拉伊俄斯将死于其子之手。他决定不让预言成真，便将初生婴孩丢弃于荒山野岭。他自信能摆脱神的预言，死前仍以为杀自己的是陌生人，不知他的死亡已证实了阿波罗的预言。

弃婴多年后，他客死异乡。据说一群强盗杀了他及同伴，仅存一人幸免逃回报讯。那时底比斯面临困境，此事并未被详加调查。原来当时国境内出现了怪兽斯芬克斯，它模样为带翅的狮子，却具女性面孔与胸部。它在通往市区要道上等待行人，凡是被截住者必须答对它的谜语才放行，否则便要被吃掉。怪兽连续吞噬许多人，底比斯城连最引以为傲的七道大门都紧紧关闭，导致了城内的饥荒。

这时底比斯来了个智勇双全的陌生人，就是俄狄浦斯。据称他是科林斯国王珀罗普斯之子，为了逃避德尔菲神谕而自我放逐。神谕说他会弑父娶母，他设法要让预言落空，于是决心远离珀罗普斯。他独自流浪到底比斯附近，耳闻城内消息，因自己无家亦无依，生命不具意义，所以决定寻找狮身女怪斯芬克斯，试图解谜。狮身女怪问道："什么生物在早晨用四条腿行走，中午时用两条腿，黄昏时用三条腿？"俄狄浦斯回答："人，儿时以四肢爬行，成人挺身而走，老年使用拐杖辅助。"答案正确，斯芬克斯自杀，底比斯人得救了。底比斯人民感激他，奉他为王，他接着娶国王遗孀伊俄卡斯忒为妻，过了多年幸福日子，看来阿波罗神谕似乎有误。

俄狄浦斯的两个儿子长大后，底比斯出现可怕瘟疫。万物染上病害，不仅人们病死，飞禽走兽与田野果实也遭到摧毁，没有病死的人们也可能会饿死。俄狄浦斯很痛苦，他视民如子，与民同甘苦，于是派遣伊俄卡斯忒的哥哥克瑞翁前往德尔菲神殿求助。

克瑞翁带回消息，阿波罗指示，只要让杀害已故国王拉伊俄斯的凶手受惩，便能遏止瘟疫。俄狄浦斯松了一口气，虽事发多年，依然还能捉到凶手，他们知道如何惩罚他。他向人民宣布阿波罗神谕，呼吁人民不要包庇杀人犯，并郑重谴责罪犯，愿他终身受尽厄运折磨。

俄狄浦斯十分积极，他找来最受尊崇的盲眼老先知泰瑞西阿斯，请教他如何捉到凶手。老先知起初不肯回应，俄狄浦斯于是控诉他是共犯才保持缄默。老先知气得说出真相："你自己就是你要找的凶手。"俄狄浦斯以为老先知胡言乱语，命令他永远不得再出现在他的眼前。

伊俄卡斯忒也鄙视这番供词，认为任何先知与预言都无法相信。她说当年德尔菲女祭司预言拉伊俄斯将死于儿子之手，于是两人已杀死孩子，避免预言实现。拉伊俄斯是在前往德尔菲的三岔路口被强盗所杀，事发于俄狄浦斯抵达底比斯前。

俄狄浦斯追问拉伊俄斯带了几个随员，伊俄卡斯忒回答主仆共有五人，幸存一人。俄狄浦斯则说当年有人说他不是珀罗普斯的儿子，所以前往德尔菲神殿问神，但未获回复，只称他将弑父娶母，生出孽子。于是他并未返回科林斯，途中于三岔路口遇见一名男子与四名侍从，他在搏斗中打死对方首领，揣测死者可能为拉伊俄斯。

这时，科林斯使者带来珀罗普斯的死讯，似乎证实阿波罗预言失灵。信差笑问俄狄浦斯是否因畏惧弑父而离开科林斯，他说俄狄浦斯其实不需要害怕，因为他并不是珀罗普斯之子。当年是这位使者将俄狄浦斯交给珀罗普斯抚养，珀罗普斯待他视同己出。俄狄浦斯惊呼："那谁才是我的亲生父母？"使者接着说是一名牧羊人把孩子交给他，对方正是拉伊俄斯的侍者。

话说至此，伊俄卡斯忒惊恐得脸色惨白，她急切地阻止双方继续问答下去，随后便奔进宫内。

当年将孩子转交给使者的牧羊人现身，他坦承确实将孩子交给使者，哀求国王莫再追问。俄狄浦斯厉声逼供，牧羊人只得道出当年奉王后之命杀死孩子，全因预言宣称这名孩子将亲手弑父。

俄狄浦斯哀鸣，终于明白一切应验。他弑父娶母生子，一切都已不可挽救，他们全部遭到天谴。

俄狄浦斯在宫里疯狂寻找他的妻子兼母亲，她在知道真相后便已在房间内自尽。最后他也亲手挖出自己双眼作为惩罚，与其用羞愧的眼光看待过去的光明世界，不如留于黑暗。

3

安提戈涅

伊俄卡斯忒死后，俄狄浦斯仍住在底比斯。两子波吕尼刻斯与厄特克勒斯，以及两女安提戈涅与伊斯墨涅逐渐长大，他们生而不幸，并非神谕所言的可怕怪物。两名少年受到底比斯人的喜爱，两名少女则是好姑娘。

俄狄浦斯与长子波吕尼刻斯皆放弃王位。底比斯人认为这家人处境危险，这个安排很明智，于是推举伊俄卡斯忒的哥哥克瑞翁继位为王。他们善待俄狄浦斯多年，但最后克瑞翁还是将他驱逐出境，原因不明，而俄狄浦斯之子也同意。女儿成为俄狄浦斯的依靠，尽管遭逢不幸，她们仍忠实对待他，当他被驱逐时，安提戈涅一路陪伴照料，伊斯墨涅则留在城里保护他的权益，并与他保持联系。

俄狄浦斯走后，两子突然起了争端。次子厄特克勒斯胜利，并将长兄逐出底比斯。波吕尼刻斯在阿尔戈斯寻得庇护，挑起众人对底比斯的敌意，想要集结军队攻打底比斯。

俄狄浦斯与安提戈涅流浪至雅典附近的科洛诺斯，那里是昔日复仇女神，今称慈悲女神的圣地，成为陈情者的庇护所。父女觉得安全，后来俄狄浦斯在那里死去。他一生悲惨，晚景却不错，以前那些可怕的神谕将告一段落，在他死前给予安慰。阿波罗应允流浪者的葬地将能给人带来神秘的祝福，雅典国王忒修斯也礼遇他，盲眼老人庆幸自己死时不再受人唾弃，而能造福收留他的国家。

忒修斯在俄狄浦斯死后，将两姐妹送返底比斯，发现两兄弟为争夺王位而准备掀起战事。

波吕尼刻斯与六位将领结盟，包括阿尔戈斯国王阿德剌斯托斯，还有他的小舅子安菲阿剌俄斯。后者很不情愿参加，他是先知，已预知七人中只有阿德剌斯托斯能生还。可是他曾发誓要让妻子替他决定，因为妻子厄里费勒曾解决他与阿德剌斯托斯的争执。这一次，波吕尼刻斯送一条项链给厄里费勒，那是她祖母哈尔摩尼亚的结婚项链，于是她支持波吕尼刻斯，逼丈夫参与战争。

七位将领攻打底比斯七座城门，城内同样派出七勇士防守，厄特克勒斯负责防御波吕尼刻斯进攻。两姐妹只能留在宫中等待消息。开战前，克瑞翁的儿子墨诺叩斯捐躯，壮烈牺牲。

盲眼老先知泰瑞西阿斯曾向克瑞翁预言：你的儿子墨诺叩斯死了，就能拯救底比斯。克瑞翁不愿爱子为城而死，就叫墨诺叩斯快点逃走，但墨诺叩斯不愿成为苟且偷生的懦夫，于是奋勇参战，却因战技生涩而立刻丧命。

双方难分难解，最后落得两败俱伤，兄弟俩同时死于对方手里。两军战事再起，最后底比斯获胜。七勇士攻打底比斯，只有阿德剌斯托斯生还，领兵逃至雅典。底比斯由克瑞翁执政，宣布不得下葬攻城者。他以王室丧礼下葬厄特克勒斯，却任由野兽与鸟类啃噬波吕尼刻斯的尸体。这项复仇已超出神旨与正义法则，实为惩罚死者。安葬死者为最神圣的职责，连陌生人死去也应等同视之。克瑞翁却宣布敢安葬波吕尼刻斯的一律处死。

安提戈涅与伊斯墨涅惊闻这项消息，伊斯墨涅虽可怜死者，但因孤立无援，觉得无法对抗全城的人，除了服从一途，无计可施。此时全城正为开战者受惩而欢欣鼓舞，但安提戈涅却执意要去埋葬亲爱的兄弟，伊斯墨涅不敢跟随。

数小时后，克瑞翁接获安提戈涅要安葬波吕尼刻斯的消息。看守尸体的士兵目睹少女安葬遗体，一阵遮天蔽日的风沙吹起，风沙停歇后，尸体业已获得安顿，她正祭拜亡者。克瑞翁厉声责问抗命的安提戈涅，她则反驳，那是克瑞翁的法令，而非众神的法令。伊斯墨涅哭着走出来，说她与安提戈涅同谋合葬亡者，但安提戈涅不愿拖她下水，极力澄清。安提戈涅最后被押解至刑场，临死前向旁观者道出自己因正义而遭到处决。伊斯墨涅后来失踪了，没有任何有关她的故事或诗词，底比斯末代王室俄狄浦斯家族从此没落。

4
七勇士
攻打底比斯

波吕尼刻斯因安提戈涅冒死埋葬他的遗体，故亡魂得以渡过冥河安息，但是其他五名追随他征战底比斯的领袖仍不得安葬。

七勇士唯一生还者是阿德剌斯托斯，他向雅典国王忒修斯求情，请他劝服底比斯人允许下葬死者。他偕同死者的母亲一同前来求援，认为诸城邦中就属雅典人最富恻隐之心。

忒修斯起初不愿成为他们的盟友，因为他们举兵挑起战事，起因在于他们，不在底比斯。

此时忒修斯的母亲埃特拉因死者母亲的拜托，劝谏儿子应当保卫所有受屈之人，雅典与其他城邦得以共存，全凭遵奉正义法则，这些底比斯暴民不给死者下葬的权利，应当逼迫他们服从全希腊共同遵守的法律。

忒修斯表示同意，但雅典已为自由邦，人民享有平等投票权，若是市民都同意，他将率兵出战底比斯。因此他召开集会，决定死者的祸福。埃特拉与死者母亲默默等待，祈祷雅典市民帮助他们。忒修斯带回好消息，雅典人民愿意帮忙捍卫无助的人。

其后底比斯来了一名传令官，质疑无知人民怎能正确指引国家的方向。忒修斯则表示雅典人自定义法律，依法行事，视独裁之人为头号大敌。忒修斯让传令官回报，雅典深知和平优于战争，只有愚者才会用武力迫使弱者臣服，雅典只要求取回遗体，让遗体回归大地。

克瑞翁不应忒修斯之请，雅典人于是出兵，最后战胜底比斯人。底比斯人害怕会遭到烧杀掳掠，不过忒修斯并未有意毁城，只要求将攻打底比斯那五位英雄的尸体洗净并安置棺架。

希腊神话，狄俄墨得斯的父亲，
为攻打底比斯的七勇士之一。

　　五名死者躺在火葬堆上，受尽尊崇，也让他们的母亲获得一丝安慰，阿德剌斯托斯向每位死者道别：卡帕纽斯是位谦虚的富翁，待人真诚，只说好话；安菲阿剌俄斯虽贫穷，但重风骨，他不收受黄金，不愿成为财富的奴隶。希波墨冬是位刻苦的军人与猎人，鄙视安逸生活。帕耳忒诺派俄斯为阿塔兰忒之子，深受男女喜爱，从未愧对别人，随国家祸福而忧喜。最后是堤丢斯，为人沉静，擅用剑盾说理，无法言喻其崇高的灵魂。

　　火葬堆点燃后，卡帕纽斯的妻子厄瓦德涅出现在高岩之上，跃入火焰殉葬。死者的儿子凝望火焰，发誓日后向底比斯寻仇。十年后，他们成功战胜底比斯，失败者落荒而逃，底比斯被夷为平地，而盲眼先知泰瑞西阿斯于逃命时丧生。最后当地仅存哈尔摩尼亚的项链，被人带至德尔菲神殿，向朝圣者展示长达数百年之久。尽管七勇士攻打底比斯战败，他们的儿子却胜利了，被通称为"后生之子"，仿佛他们出世太晚，以致所有伟大事迹皆已被前人完成。其实不然，底比斯沦亡时，希腊军尚未攻打特洛伊，堤丢斯之子狄俄墨得斯被誉为特洛伊陷落前的伟大英雄。

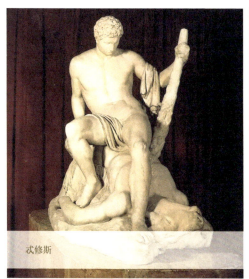

忒修斯

雅典
王室

1
刻克洛普斯

雅典首任国王名为刻克洛普斯。他是蛇的后代，上半身为人，下半身为蛇。传说雅典娜会成为雅典守护者，多半是刻克洛普斯的功劳。当时波塞冬也想要得到此城，为了证实可以赐福人民，便以三叉戟敲开卫城的岩石，使裂缝流出盐水并灌注深井。雅典娜提供更好的东西，让希腊人最为重视的橄榄树长于当地。刻克洛普斯于是将雅典城判给雅典娜。但此举也触怒波塞冬，海神以洪水作为惩罚。

有则故事则称两神决赛时，女性投票权为关键。早期男女皆有投票权，各自投给男女神祇。当时女性多出一票，于是雅典娜获胜，波塞冬对此大为懊恼。发生洪水后，雅典男性决定撤回女性投票权。不管如何，雅典娜依然保有雅典城。

多数作者认为此事发生于洪水来袭前，刻克洛普斯也并非半人半蛇的怪物，而是名正常人，因亲族显贵，故显得重要。他是名君之子，三位神话女主角的外甥与兄弟，最重要的是，他是雅典国王忒修斯的曾祖。

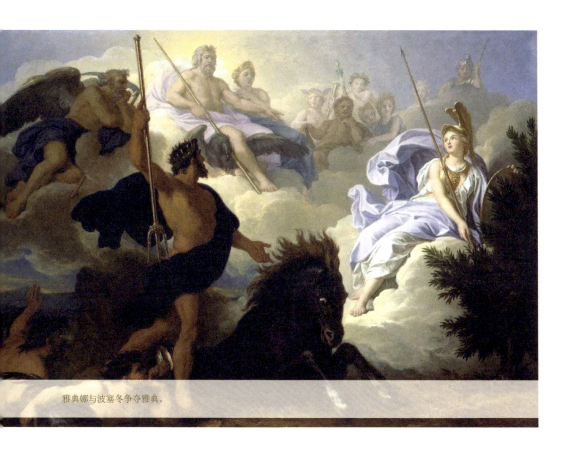

雅典娜与波塞冬争夺雅典。

2

普罗克涅
与菲洛墨拉

雅典国王厄瑞克透斯统治期间，女神德墨忒尔曾到访厄琉息斯，展开农业生活。他的两位姐妹普罗克涅与菲洛墨拉以悲惨命运闻名，其故事至悲。

姐姐普罗克涅的丈夫为忒柔斯，他是战神阿瑞斯的儿子，遗传了战神各种令人厌恶的特质。普罗克涅在儿子伊提斯五岁时，欲邀请妹妹菲洛墨拉前来相聚，忒柔斯亲自前往雅典迎接菲洛墨拉，却对她一见钟情。忒柔斯谎称接到普罗克涅的死讯，迫使菲洛墨拉与他成亲。菲洛墨拉后来知情，威胁将此恶行公之于世，激起忒柔斯的怒气与恐惧，一刀割下她的舌头，并幽禁起来，再返回告知普罗克涅：菲洛墨拉死于途中。

菲洛墨拉看来一切无望，既被幽禁又无法言语或写信；忒柔斯似乎处境安全。然而尽管人们无法写字，还有其他方式陈述，因为他们有技艺高超的工法。像是铁匠可打造出有着猎狮或是丰收情景的盾牌，女性可以制作出写实的手工织品，令人一眼便能知晓图案中的故事。菲洛墨拉精心织出一匹奇特挂毯，上面清楚道尽所有冤屈，交给随侍老妇，署名送给王后。

普罗克涅展开织品，看见菲洛墨拉、忒柔斯的身影与容貌，惊慌地读取细节。她强忍悲痛，顾及此地不容落泪或诉说，唯有一心解救妹妹与惩罚夫婿。她通过老妇救出菲洛墨拉，不择手段惩罚忒柔斯，亲手杀了独子埃厄忒斯，并肢解烹煮为食，送给忒柔斯作为晚餐，等他用餐后始才道出真相。

忒柔斯震惊得无法动弹，两姐妹趁机逃走，他追上她们企图杀害之际，神将她们化为夜莺与燕子。菲洛墨拉舌头被割，故只能吱喳而不能唱歌；夜莺歌声最为婉转动听，也最为悲凉，永远难忘亲手杀子。传说可鄙的忒柔斯亦化为戴胜。

罗马作者曾混淆两姐妹的身份，视失舌的菲洛墨拉为夜莺，显然荒谬。但她总在英诗中沿用此名出现。

3
普罗克里斯
与刻法洛斯

普罗克涅这对不幸的姐妹有个侄女，名叫普罗克里斯。普罗克里斯同样命运悲惨。她嫁给风神的孙子刻法洛斯为妻，婚后不久，黎明女神欧罗拉带走热衷狩猎的刻法洛斯，但刻法洛斯情定普罗克里斯，任谁都无法改变他的心意。女神见他深情如斯，便放他回去探查其妻是否也如他一般忠贞。这番不怀好意的话使得刻法洛斯嫉妒得发狂。他决定试探普罗克里斯，确定她不会向其他追求者屈服，如此才能驱走所有疑虑。传说欧罗拉助他乔装成另一副模样，不让人识出他的身份。眼见妻子渴望他归来的模样，他心里觉得安慰，却仍坚持到底；又见普罗克里斯神色哀伤，险些放弃计划。他假扮追求者热烈追求她，也总是提醒她其夫已经遗忘她，却始终无法打动她的心。

直到某天，他倾注所有祈求、劝说、承诺，她犹豫了。她并未完全放弃，却不再坚拒，但这对刻法洛斯已经足够，他大声嚷嚷，责骂她是虚伪无耻的女人，竟让他目睹她的背叛。普罗克里斯不发一语便转身离去，一时由爱生恨，憎恨所有男人，从此独居于山林。刻法洛斯恢复理性，明白自己行为差劲，四处找她请求原谅。

她看见他则立即回绝，痛恨遭受欺骗。最后，刻法洛斯终于取得她的原谅，自此过了几年快乐生活。某日两人照旧前去狩猎，普罗克里斯曾送给刻法洛斯一把百发百中的标枪，两人分头寻找猎物，刻法洛斯见浓密丛林中有东西走动，于是掷出标枪，不料击中的是普罗克里斯，她被穿心而死。

4
俄瑞提亚
与玻瑞阿斯

北风神玻瑞阿斯爱上普罗克里斯的姐妹俄瑞提亚，但少女的父亲厄瑞克透斯与雅典人民反对他们的婚事。由于菲洛墨拉的悲惨遭遇，让人们一致对北方人产生反感，不愿将少女嫁给玻瑞阿斯。某天俄瑞提亚与姐妹在河边嬉戏，玻瑞阿斯趁着狂风将她带走。后来他们生下两子仄忒斯与卡拉伊斯，日后跟随伊阿宋寻找金羊毛。

这则故事流传数百千年后，雅典名师苏格拉底出门散步，身后跟着青年斐德罗。他们谈起传闻中的故事，北风神玻瑞阿斯带走俄瑞提亚的伊利索斯河便在附近，苏格拉底觉得应该有那个地方，并设有玻瑞阿斯的祭坛，然而这则故事是否真有其事，智者总是存疑。

5
克瑞乌萨
与伊翁

克瑞乌萨为普罗克里斯与俄瑞提亚的妹妹，一样命运乖舛。某日她在岩洞口采撷番红花，转身回家时遇见瞬间出现的隐形人。对方生得俊美，但她受到惊吓，来不及瞧见对方容貌，大声呼救却无人响应，诱拐她的人正是阿波罗，他将她带入幽黑洞穴。

她憎恨贵为神祇的阿波罗，尤其在她即将临盆之际他仍置身事外，但她不敢透露实情。因为对方是神，不容抵抗，更无法获得众人谅解，少女若是坦承则可能遭到极刑。

克瑞乌萨独自在洞穴中产子，产后便将孩子扔在那儿，后来折回察看，发现已无踪影，怀疑是鹰鸟将他抓走。

其后克瑞乌萨遵从父命嫁给希腊人苏托斯，但他不属于雅典或阿提卡，因而被视为异邦人。两人婚后无子，只得前往德尔菲神殿请示神谕。

克瑞乌萨打发夫婿留在城中，先行抵达神殿，看见一位年轻俊美的祭司正唱着赞美诗，洒扫庭院。年轻祭司望着克瑞乌萨，赞美她出身高贵、受到福佑，她则大叹多年前的种种不幸，同时问起祭司的出身。少年自称名为伊翁，阿波罗女祭司兼女先知在神殿阶梯上发现他这个婴孩，待他如己出，从此他便在神殿以服务神祇为荣。

克瑞乌萨思及不堪过往，不愿接近太阳神阿波罗的圣坛，伊翁发现后，露出诧异与谴责的眼神。她便说出问神求子的来意，并谎称当年有位朋友遭到太阳神阿波罗的欺负，怀孕生子后又遭到遗弃，后来她索性遗弃婴儿，婴儿至今生死未卜，因而自己代朋友前来问神。伊翁听见主神遭到控诉，辩称应是凡人将过错推诿给神，有意遮羞，若是确有其事，如此指控行为则未免显得愚蠢。克瑞乌萨听了，心意动摇，于是听从他的话，不进神殿。

　　后来苏托斯遵从阿波罗的旨意，收养伊翁为子。女祭司抱着伊翁孩提时盖在身上的斗篷与面纱，交给其养父苏托斯，克瑞乌萨惊见当年的信物，才知道伊翁是亲生儿子。女神雅典娜突然显灵于上空，让众人得以将苦难化为敬畏和惊异。她受阿波罗所托，前来告知克瑞乌萨，伊翁是阿波罗与她之子，当年她从洞穴中带回弃婴，克瑞乌萨现在得带伊翁回雅典，伊翁将有足够的资格治理雅典娜的国土与城邦。说完女神便消失了。母子眼神交会，伊翁则除去疑窦，满怀喜悦，而阿波罗迟来的补偿能否弥补克瑞乌萨的苦难？我们仅能猜测，因为故事并未说明。

附录

原名与译名对照表

A

Abas
阿巴斯

Achates
阿卡特斯

Achelous
阿刻罗俄斯

Acheron
阿刻戎河（苦恼河）

Achilles
阿喀琉斯

Acrisius
阿克里西俄斯

Admetus
阿德墨托斯

Actaeon
阿克特翁

Adonis
阿多尼斯

Adrastus
阿德剌斯托斯

Aeacus
埃阿科斯

Aeetes
埃厄忒斯

Aegean Sea
爱琴海

Aegeus
埃勾斯

Aegina
埃癸娜

Aegisthus
埃癸斯托斯

Aegyptus
埃古普托斯

Aeneas
埃涅阿斯

Aeolus
埃俄罗斯

Aerope
阿厄罗佩

Aeson
埃宋

Agamemnon
阿伽门农

Agave
阿高厄

Aglaia
阿格莱亚

Ajax
埃阿斯

Alba Longa
阿尔巴隆加

Alcaeus
阿尔凯奥斯

Alcestis
阿尔刻提斯

Alcides
阿尔凯奥斯后裔

Alcinous
阿尔喀诺俄斯

Alcmena
阿尔克墨涅

Alecto
阿勒克托

Althea
阿尔泰亚

Amata
阿玛塔

Amphiaraus
安菲阿剌俄斯

B

Batea
巴提亚

Bellerophone
柏勒洛丰

Bellona
贝罗娜（Enyo 厄倪俄，战争女神）

Belus
柏洛斯

Boeotia
皮奥夏

Bosphorus
博斯普鲁斯

Briseis
布里塞伊斯

C

Cadmus
卡德摩斯

Calais
卡莱斯

Calchas
卡尔卡斯

Calliope
卡利俄佩

Calydon
卡吕冬

Calypso
卡吕普索

Camilla
卡米拉

Capaneus
卡帕纽斯

Capys
卡皮斯

Carthage
迦太基

Cassandra
卡珊德拉

Cassiopeia
卡西奥佩娅

Castalia
卡斯塔利亚泉

Castor
卡斯托尔

Catreus
卡特柔斯

Caucasus
高加索山

Cerops
刻克洛普斯

Celeus
克琉斯

Centaurs
肯陶洛斯

Cephalus
刻法洛斯

Cepheus
刻甫斯

Cephissus
赛菲索斯

Cerberus
刻耳柏洛斯（地狱犬）

Charon
卡戎

Charybodis
卡律布狄斯

Chiron
喀戎

Chryseis
克律塞伊斯

Circe
喀耳刻

Cithaeron
喀泰戎

Clio
克利俄

Clytemnestra
克吕泰涅斯特拉

Clymene
克吕墨涅

Coeus
科俄斯

Cocytus
科塞特斯河

Colchis
科尔喀斯

Colonus
科洛诺斯

Corinth
柯林斯

Creon
克瑞翁

Cretheus
克瑞透斯

Creusa
克瑞乌萨

Cronus
克洛诺斯（Saturn 萨图恩，
天空之神）

Cumae
库迈

Cupid
丘比特（Eros 厄洛斯，
小爱神）

Cynthia
辛西亚

Cyprus
塞浦路斯

Cyrene
库瑞涅

Cythera
塞瑟

D

Danae
达那厄

Danaids
达那伊得斯

Daphne
达佛涅

Dardanus
达耳达诺斯

Delos
提洛

Deianira
得伊阿尼拉

Deion
戴昂

Deiphobus
得伊福玻斯

Delphi
德尔菲

Demeter
德墨忒尔（Ceres 刻瑞斯，
谷神）

Demophoon
得摩丰

Deusalino
丢卡利翁

Dictys
狄克堤斯

Dido
狄多

Dike
狄刻

Diomedes
狄俄墨得斯

Dione
狄俄涅

Dionysus
狄奥尼索斯（Bacchus 巴克
斯，酒神）

Dis
地司

Dodona
多多纳

E

Echo
厄科

Eileithyia
厄勒梯亚

Electra
厄勒克特拉

Electryon
厄勒克特律翁

Eleusis
厄琉息斯

Hebe
赫柏

Hebrus River
希布鲁斯河

Hecate
赫卡忒

Hector
赫克托耳

Hecuba
赫卡柏

Helen
海伦

Helenus
赫勒诺斯

Heliades
赫利阿得斯

Helicon
赫利孔山

Helios
赫利俄斯

Helle
赫勒

Hephaestus
赫菲斯托斯（Vulcan 伏尔甘，火神）

Hera
赫拉（Juno 朱诺，天后）

Hercules
赫拉克勒斯

Hermes
赫尔墨斯（Mercury 墨丘利，神使）

Hermione
赫耳弥俄涅

Hesperia
赫斯珀里亚

Hestia
赫斯提亚（Vesta 维斯塔，炉灶女神）

Himeros
希摩罗斯

Hippocrene
希波克里涅

Hippodamia
希波达弥亚

Hippolyta
希波吕忒

Hippolytus
希波吕托斯

Hippomedon
希波墨冬

Hippomenes
希波墨涅斯

Homer
荷马

Hyacinth
雅辛托斯

Hyades
许阿得斯

Hydra
许德拉

Hylas
许拉斯

Hymen
许门

Hyperboreans
希柏里尔人

Hyperion
许珀里翁

Hypermnestra
许珀耳涅斯特拉

Hypsipyle
许普西皮勒

I

Iapetus
伊阿珀托斯

Icarius
伊卡尔斯

Icarus
伊卡洛斯

Ida Mount
伊达山

Ilissus
伊利索斯河

Lycurgus
莱克格斯

Lydia
吕底亚

Lynceus
林叩斯

M

Maenads
迈那得斯（酒神的女信徒）

Maia
迈亚

Medea
美狄亚

Medusa
美杜莎

Megaera
墨该拉（复仇女神之一）

Megara
墨伽拉

Meleager
墨勒阿革洛斯

Melicertes
墨利刻耳忒斯

Melpomene
墨尔波墨涅

Memnon
门农

Menelaus
墨涅拉俄斯

Menoeceus
墨诺叩斯

Mentor
门托尔

Metaneira
墨塔涅拉

Mezentius
墨赞提乌斯

Minos
米诺斯

Minotaur
弥诺陶洛斯（人头牛身兽）

Minyans
米尼埃族

Mnemosyne
谟涅摩绪涅

Muses
缪斯

Mycenae
迈锡尼

Myrmidons
米尔弥多涅斯士兵

Myrtilus
迈提勒斯

N

Naiad
那伊阿得

Narcissus
那喀索斯

Nausicaa
瑙西卡

Naxos
那克索斯

Neleus
涅琉斯

Nemea
涅墨亚

Nemesis
涅墨西斯

Nephele
涅菲勒

Nessus
涅索斯

Nestor
涅斯托耳

Nile
尼罗河

Niobe
尼俄柏

Nisus
尼苏斯

Nysa
尼萨

O

Oceanids
俄刻阿尼得斯（海仙女）

Oceanus
俄刻阿诺斯

Odysseus
奥德修斯

Oedipus
俄狄浦斯

Oeneus
俄纽斯

Oenone
俄诺涅

Olympians
奥林匹斯诸神

Olympus
奥林匹斯

Omphale
翁法勒

Orcus
俄耳枯斯

Orithyia
俄瑞提亚

Orestes
俄瑞斯忒斯

Orpheus
俄耳甫斯

P

Palladium
帕拉狄翁

Pallas
帕拉斯

Pan
潘

Pandarus
潘达罗斯

Pandora
潘多拉

Paphos
帕福斯

Paris
帕里斯

Parnassus
帕那索斯

Parthenon
帕特农神殿

Parthenopaeus
帕耳忒诺派俄斯

Pasiphae
帕西法厄

Pelias
珀利阿斯

Pelops
珀罗普斯

Penelope
佩涅洛佩

Peneus
珀纽斯

Pentheus
彭透斯

Pergamos
珀伽索斯

Perieres
佩里厄瑞斯

Persephone
珀耳塞福涅（Proserpine 普罗瑟派恩，冥后）

Perseus
珀尔修斯

Phaeacians
费埃克斯人

Phaedra
淮德拉

Phaedrus
斐德罗

Phaethon
法厄同

Pharos
法洛斯岛

Pheres
斐瑞斯

Sciron
斯喀戎

Stymphalus
斯廷法罗斯湖怪鸟

Thebes
底比斯（忒拜）

Scylla
斯库拉

Symplegades
辛普勒伽得斯（撞石）

Themis
忒弥斯

Selene
塞勒涅

T

Themisto
忒弥斯托

Sibyl
西比尔（德尔菲的女祭司）

Talus
塔洛斯

Theseus
忒修斯

Sicily
西西里

Tantalus
坦塔罗斯

Thessaly
色萨利

Sinis
辛尼斯

Tartarus
塔耳塔洛斯

Thetis
忒提斯

Sinon
西农

Tantalus
坦塔罗斯

Thrace
色雷斯

Sisphus
西叙福斯

Teiresias
泰瑞西阿斯

Thyestes
梯厄斯忒斯

Socrates
苏格拉底

Telemachus
忒勒玛科斯

Tiber
台伯河

Somnus
宋诺斯

Tereus
忒柔斯

Tisiphone
提西福涅

Sparta
斯巴达

Terosichore
特尔普西科瑞

Titans
泰坦

Sphinx
斯芬克斯（人面狮身兽）

Tethys
忒梯斯

Tros
特罗斯

Strife
冲突之神

Teucer
透克罗斯

Troy
特洛伊

Styx
斯堤克斯河

Thalia
塔利亚

Triptolemus
特里普托勒摩斯

Turnus
图尔努斯

Tydeus
堤丢斯

Tyndareus
廷达瑞俄斯

Typhon
提丰

Tyro
梯罗

Zethus
泽托斯

Zeus
宙斯（Jupiter 朱庇特，众神
之王）

U

Urania
乌剌尼亚

Uranus
乌拉诺斯

X

Xanders
桑托斯河

Xuthus
苏托斯

Z

Zephyr
仄费罗斯

Zetes
泽忒斯

主要人物关系表

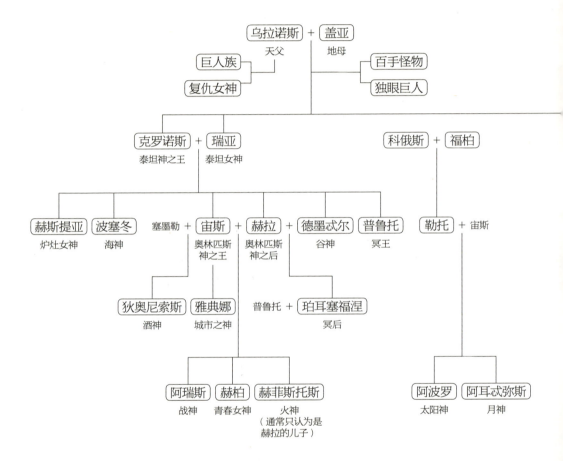

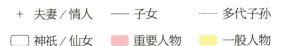

+ 夫妻／情人 —— 子女 ┄┄┄ 多代子孙

▢ 神祇／仙女 ▮ 重要人物 ▮ 一般人物

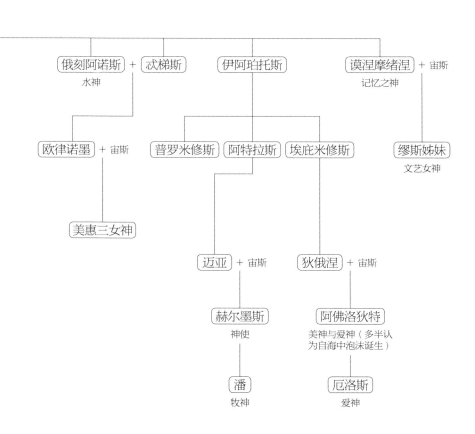

阿喀琉斯的祖谱

珀尔修斯和赫拉克勒斯的祖谱

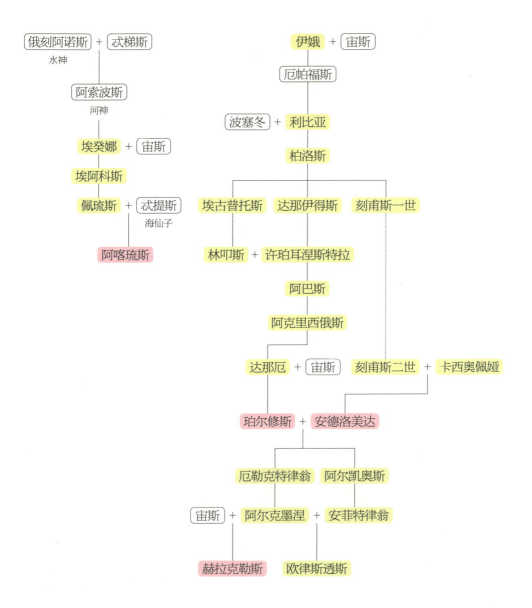

普罗米修斯及后代

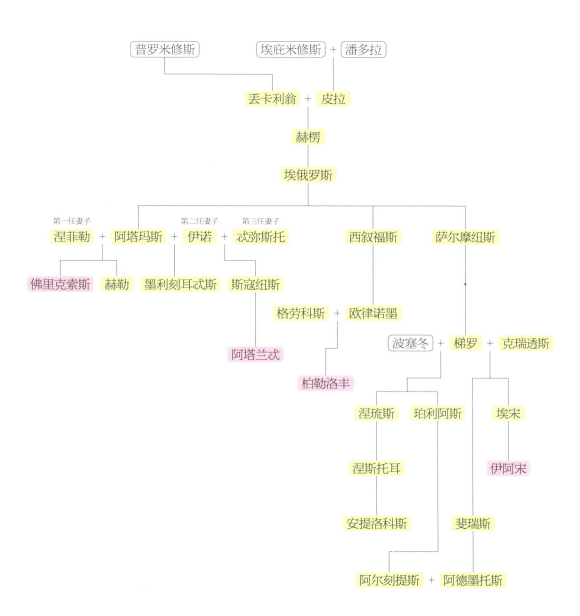

特洛伊的海伦家族

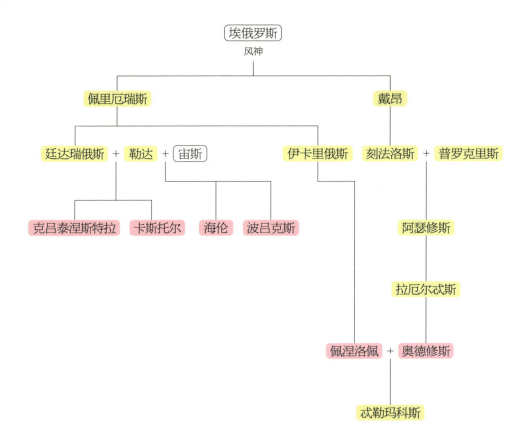

特洛伊家族

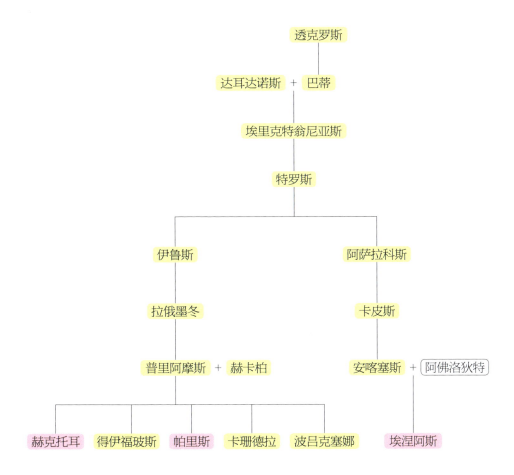

透克罗斯

达耳达诺斯 + 巴蒂

埃里克特翁尼亚斯

特罗斯

伊鲁斯　　　　　　　　　　阿萨拉科斯

拉俄墨冬　　　　　　　　　　卡皮斯

普里阿摩斯 + 赫卡柏　　　　安喀塞斯 + 阿佛洛狄特

赫克托耳　得伊福玻斯　帕里斯　卡珊德拉　波吕克塞娜　　埃涅阿斯

底比斯王室与阿特柔斯家族

底比斯王室

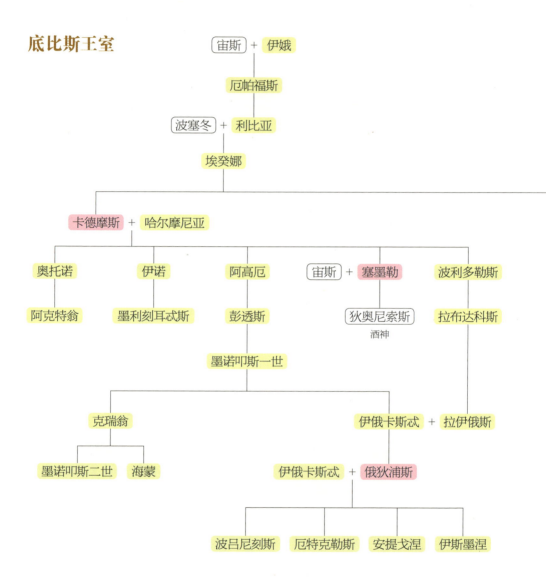

阿特柔斯家族

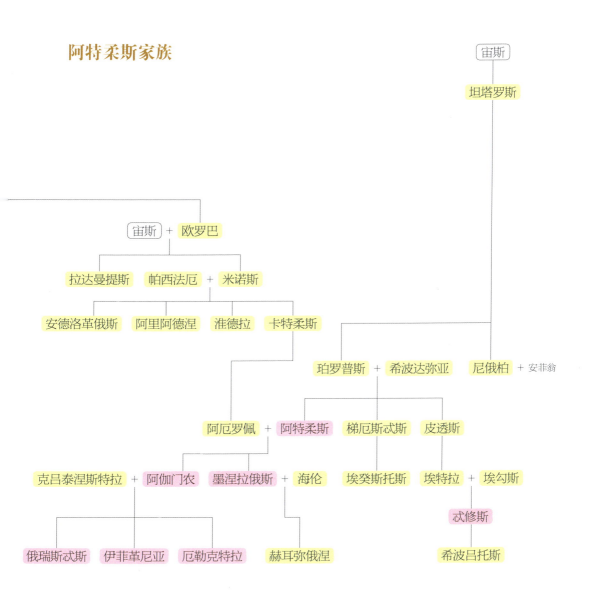

雅典家族

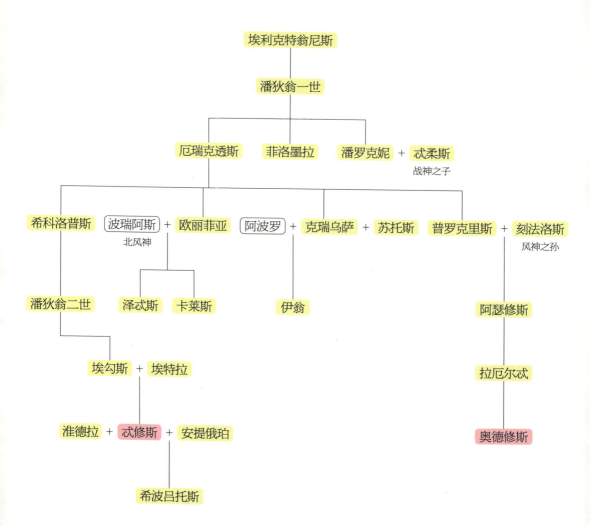

图书在版编目（CIP）数据

希腊罗马神话集：永恒的诸神、英雄、爱情与冒险
故事 /（美）伊迪丝·汉密尔顿著；林久渊译 . -- 北京：
北京联合出版公司，2021.12
ISBN 978-7-5596-5649-0

Ⅰ.①希… Ⅱ.①伊…②林… Ⅲ.①神话 – 介绍 –
古希腊②神话 – 介绍 – 古罗马 Ⅳ.① B932.54

中国版本图书馆 CIP 数据核字 (2021) 第 227545 号

希腊罗马神话集：永恒的诸神、英雄、爱情与冒险故事

作　　者：【美】伊迪丝·汉密尔顿
译　　者：林久渊
出 品 人：赵红仕
责任编辑：高霁月
装帧设计：果　丹

北京联合出版公司出版
（北京市西城区德外大街 83 号楼 9 层　　100088）
北京联合天畅文化传播公司发行
北京启航东方印刷有限公司印刷　新华书店经销
字数 200 千字　710 毫米 ×1000 毫米　1/16　12.5 印张
2021 年 12 月第 1 版　2021 年 12 月第 1 次印刷
ISBN 978-7-5596-5649-0
定价：72.00 元
